Special Edition

2주만에 끝내는
SPA 기본서

SPA 첫걸음

GO! GO!

PREFACE

SPA 첫걸음이란?
SPA 첫걸음은 처음 SPA를 접하는 응시생들에게 시험에서 요구하는 답변을 만드는 방법과 논리적으로 문장을 구성하는 기본적인 능력을 키워주는 강의입니다.

SPA 시험에서 평가하는 5가지 영역은 외국인들과 업무를 진행할 때 오갈 수 있는 일상회화, 그림 설명, 프리젠테이션을 통한 비교·대조, 회의내용을 간추리는 요약, 정리 능력 등을 평가하게 됩니다.
외국인과 영어로 업무를 진행한다는 생각을 갖고 학습에 임하게 되면 더욱 이해가 편합니다.

본 SPA 첫걸음은 시험에서 요구하는 답변을 만들고 논리적인 생각 및 문장 구성에 초점을 맞춰 SPA 강의를 이끌어 가며 평소에도 쓸 수 있는 표현 및 문법에 대한 설명과 이해, 기본 영어 능력 향상을 목표로 진행됩니다.

시험성적, 일상회화, 비즈니스 회화 이 세 마리 토끼를 한꺼번에 잡을 수 있는 방향을 제시해 드립니다.

SPA 첫걸음
동영상 강의 학습 카테고리

Step1

01강 SPA소개와 Ice Breaker

02강 Personal Question : 자기소개 + Describe
Personal Question은 개인과 관련된 질문으로써, 일상생활과 밀접한 질문들이 오갑니다. 그 중 가장 기본이 장소나 기억 등을 묘사하는 질문입니다.

03강 Personal Question : 자기소개 + Describe
기출・예상 문제 풀이

04강 Personal Question - Do
질문을 시작할 때 Do로 시작하는 문제입니다. 6하 원칙과 관련된 질문들이 추가적으로 나오는 경우가 많습니다.

05강 Personal Question - Do
기출・예상 문제 풀이

06강 Personal Question - 5W 1H
누가, 언제, 무엇을, 어떻게, 왜, 어디서와 관련된 문제로써 시험에서 가장 많은 부분을 차지하는 문제들입니다. 특히 이유를 설명해야 할 때 적절한 근거가 제시되어야만 하는 것이 핵심입니다.

07강 Personal Question - 5W 1H
기출・예상 문제 풀이

08강 Personal Question - Have
경험을 묻는 문제가 많이 나옵니다. 경험이 있다 또는 없다로 먼저 대답한 후 자세한 설명을 해주는 것이 중요합니다.

09강 Personal Question - Have
기출・예상 문제 풀이

10강 Personal Question - If
상황을 가정하고 질문을 하는 문제로써 상상력이 발휘되어야 합니다. 가정을 하고 대답을 하지만 논리적인 이유가 뒷받침 되어야 합니다. 고난이도의 문제가 많이 출제 됩니다.

SPA 첫걸음
동영상 강의 학습 카테고리

11강 Personal Question – If
기출・예상 문제 풀이

12강 Picture Description – Basic 소개 및 패턴
하나의 사진을 보여주고 설명하는 유형입니다. 그림 묘사 문제의 경우 보이는 그대로를 설명해야 합니다. 가정적인 상황이나 내 의견은 배제하고 객관적으로 눈에 보이는 색깔, 형태, 장소 등의 설명을 해야만 합니다.

13강 Picture Description – Basic 소개 및 패턴
기출・예상 문제 풀이

14강 Picture Description – Selling 소개 및 패턴
주로 사진 속에 하나의 제품이 있고 그것을 팔아보라는 문제입니다. 그림 설명과 함께 자신이 판매직원처럼 연기해야 합니다. 시작과 끝맺음에서는 자신의 의견이나 연기가 들어가고 본문에서는 그림 묘사와 같이 제품 설명을 해야 합니다.

15강 Picture Description – Selling 소개 및 패턴
기출・예상 문제 풀이

Step2

01강 Picture Comparison – Basic 소개 및 패턴
사진을 보여주고 비교, 대조하는 문제입니다. 그림 설명과 마찬가지로 객관적인 묘사가 가장 중요합니다. 또한, 여러 개를 설명하고 비교해야 하기 때문에 문단의 구성이 깔끔해야만 전달이 잘 됩니다.

02강 Picture Comparison – Basic 소개 및 패턴
기출・예상 문제 풀이

03강 Picture comparison – Preference 소개 및 패턴
사진을 보여주고 어떤 것을 더 선호하는지 묻는 문제입니다. 선호하는 것을 골라 말하고 뒷받침으로는 그림의 묘사가 들어가면 좋은 답변입니다.

04강 Picture comparison – Preference 소개 및 패턴
기출・예상 문제 풀이

05강 Data Analysis – 소개 및 표현
도표를 보여 주고 설명하는 문제입니다. 시험에서 요구하는 도표 관련 필수 어휘와 표현을 학습합니다.

06강 Data Analysis – 소개 및 표현
기출·예상 문제 풀이 (표현위주)

07강 Data Analysis– 패턴 및 문제풀이
정형화 된 틀을 익혀두고 핵심을 빠르게 짚어내어 말하는 것이 중요합니다. 크게 원 그래프(Pie Graph), 막대 그래프(Bar Graph), 선 그래프(Line Graph) 세 가지 유형이 나오므로 각 그래프에서 요구하는 패턴과 어휘를 쓸 수 있도록 학습합니다.

08강 Data Analysis – 패턴 및 문제풀이
기출·예상 문제 풀이

09강 Summary – 소개 및 패턴
30~40초 분량의 글을 듣고 요약하는 문제입니다. 핵심 문장과 키워드를 중심으로 들어야 하며, 강조되는 부분을 잘 듣고 그대로 말하는 연습을 해야 합니다.

10강 Summary – 소개 및 패턴
기출·예상 문제 풀이

11강 Personal Question – Opinion Based Question(심화)
경제, 정치, 사회와 관련된 심화 질문입니다. 동의하는지에 대한 질문이나 도덕적인 문제가 나올 수 있습니다. 원활한 답변을 위해서는 문제가 어렵다고 해도 생각은 쉽게 해서 영어로 표현 할 수 있도록 해야 합니다.

12강 Personal Question – Opinion Based Question(심화)
기출·예상 문제 풀이

13강 Actual Test 1(난이도 하)
실제 테스트와 동일한 패턴으로 연습합니다.

14강 Actual Test 2(난이도 중)
실제 테스트와 동일한 패턴으로 연습합니다.

15강 Actual Test 3(난이도 상)
실제 테스트와 동일한 패턴으로 연습합니다.

Contents

PART 01 SPA의 모든 것(Overview) ········· 8

    CHAPTER 01 소개 ········· 10

    CHAPTER 02 채점 기준 ········· 11

    CHAPTER 03 평가 등급 ········· 14

PART 02 분위기 쇄신 질문(Ice Breaker) ········· 16

    CHAPTER 01 소개 및 전략 ········· 18

    CHAPTER 02 예제 및 답변 ········· 20

PART 03 개인 질문(Personal Question) ········· 22

    CHAPTER 01 소개 및 전략 ········· 24

    CHAPTER 02 주제별 문제 ········· 26

PART 04 그림 묘사(Picture Description) ········· 60

    CHAPTER 01 소개 및 전략 ········· 62

    CHAPTER 02 패턴 및 표현 ········· 65

    CHAPTER 03 하나의 그림 묘사하기 ········· 69

PART 05 하나의 그림 보여 주고 팔기(Picture Description-Selling) ········· 94

    CHAPTER 01 소개 및 전략 ········· 96

    CHAPTER 02 패턴 및 표현 ········· 98

PART 06 그림 비교 및 대조(Picture Comparison) ·········· 114

CHAPTER 01 소개 및 전략 ·········· 116
CHAPTER 02 패턴 및 표현 ·········· 118
CHAPTER 03 두 개~네 개의 그림 비교 및 대조하기 ·········· 119

PART 07 선호도 얘기하기(Picture Comparison-Preference) ·········· 128

CHAPTER 01 소개 및 전략 ·········· 130
CHAPTER 02 기출문제 및 표현 ·········· 131

PART 08 자료 분석(Data Analysis) ·········· 140

CHAPTER 01 소개 및 전략 ·········· 142
CHAPTER 02 표현 정리 ·········· 144
CHAPTER 03 원 그래프(Pie Graph) 패턴 및 문제 ·········· 146
CHAPTER 04 막대 그래프(Bar Graph) 패턴 및 문제 ·········· 158
CHAPTER 05 선 그래프(Line Graph) 패턴 및 문제 ·········· 170

PART 09 듣고 요약하기(Summary) ·········· 188

CHAPTER 01 소개 및 전략 ·········· 190
CHAPTER 02 기출문제 및 표현 ·········· 192

PART 10 기출문제(Actual Test) ·········· 210

ACTUAL TEST 01(난이도 하) ·········· 212
ACTUAL TEST 02(난이도 중) ·········· 213
ACTUAL TEST 03(난이도 상) ·········· 214

CHAPTER 01. 소개

CHAPTER 02. 채점 기준

CHAPTER 03. 평가 등급

Part 1

SPA의 모든 것
(Overview)

CHAPTER 01 소개

SPA는 현대·기아자동차 그룹에서 실시하는 영어 면접 시험이다.
약 10분 동안 외국인 시험관 2명과 응시자 1명, 즉 2 : 1 인터뷰 형식으로 진행되며 실생활과 비즈니스에서 다룰 수 있는 주제로 질문이 나온다.
시험관이 시험 시간 동안 평가하는 1차 현장 평가에 이어, 시험장의 녹음 파일이 SPA 주최측으로 전달되면 2차 평가가 이어진다. 성적표가 나오기까지는 시험일로부터 약 3주간의 시간이 걸린다.
모든 문제는 두 번씩 들을 수 있다. 특히 문제 유형 중에 요약하는 문제 유형은 시험관이 직접 30~40초 분량의 글을 읽어 주는데 문제 또한 두 번 읽어주기 때문에 실질적으로 응시자가 대답할 수 있는 시간은 7분 30초~8분가량 밖에 되지 않는다.
각각의 항목에는 정해진 답변 시간이 없지만 대답을 이어나가지 못할 경우 시험관이 일정 시간이 되면 다음 문제로 넘어가게 된다.
SPA 시험은 총 96점 만점으로 Level 1부터 Level 8까지 총 8단계 등급으로 나뉜다.
채점 항목은 5가지 항목으로 청취력(36점), 발음(12점), 문법(24점), 어휘력(12점), 유창함(12점)으로 구성된다.
많은 응시자가 Level 4(35점~49점) 이상을 목표로 공부한다. Level 4는 한국인의 평균 또는 그 이상의 영어 실력을 요구한다. 이 레벨은 문법적인 오류가 있어도 영어로 의사소통이 가능한 정도의 수준이다.
시험 유형은 크게 5가지 유형으로 Personal Question(개인 질문), Picture Description(그림 묘사), Picture Comparison(그림 비교 및 대조), Data Analysis(정보 분석), Summary (요약)으로 나뉜다.
모든 항목에는 그 항목과 연관된 내용의 Follow-up Question(추가)질문이 따라올 수 있다. 인터뷰 형식 시험이기 때문에 영어 실력뿐만 아니라 부드러운 표정 및 적절한 제스처가 필요하다.

CHAPTER 02 채점 기준

발음

- 12점 만점
- Accent(Intonation and Stress) (발음의 높낮이와 강세) : 모든 단어는 각각의 높낮이와 강세가 있다. p / f, r / l, s / th 소리를 중심으로 평가된다.
- Pace(Flow and Rhythm of Speech) (말하는 흐름과 리듬) : 발음하기 어렵거나 자신이 확실히 숙지하지 못한 단어로 구성된 문장은 흐름이 끊길 수 있다. 막힘없이 말하되, 중요한 부분에서 강조를 하는 것과 내용이 변할 때 얼마나 잘 끊어 읽어주는지가 채점 기준이다.

Tips!

- 발음은 단기간에 좋아지기 힘든 부분이다. 특히 시험 전에 연습을 많이 하더라도 시험장에 가면 긴장하기 때문에 연습 한 만큼 실력을 발휘하지 못할 수 있다. 하지만 원어민의 발음을 성대모사 하듯 꾸준히 따라 한다면 비슷하게 발음할 수 있고, 자신감 있고 정확하게 발음한다면 나아질 수 있는 부분이다.
- 발음 기호를 익히고 원어민의 발음을 들으며 소리를 크게 내뱉어 보는 것이 가장 중요하다.
- 발음은 입의 모양과 혀의 위치가 결정하기 때문에, 원어민의 발음을 듣는 것뿐만 아니라 그들의 입 모양을 보고 따라 하는 것도 중요하다.

청취력

- 36점 만점
- Listening Passage & Summarization(청취와 요약) : 약 30초~40초 분량의 문단을 시험관이 읽어주고 요약하는 문제이다. 간단하게 요약하되, 주제문과 키워드를 잡아내는 것이 핵심이다.
- Accuracy / Relevance of Response(대답의 정확성) : 얼마나 질문과 연관된 답변을 하는지가 평가된다. 문법, 발음, 속도 등 영어 실력이 뛰어나도 질문과 관련이 없거나 질문에서 벗어나는 답변을 한다면 청취력에서 높은 점수를 기대할 수 없다.

> **Tips!**
- 기사를 요약하는 문제에서, 알고 있었던 내용이거나 기사를 보았던 내용이라면 답변하기 훨씬 수월하기 때문에, 사회 전반적인 사건, 사고 등을 뉴스나 기사를 통해 미리 접해 놓는 것이 좋다.
- 청취력 향상을 위해 영어 뉴스를 시청하거나 라디오를 듣고 자신의 생각을 영어로 요약하여 답변한 뒤 들어보는 연습을 하도록 한다.
- 시험관이 읽어주는 내용의 단어와 문장을 그대로 다시 말해도 되지만 같은 뜻의 다른 단어가 있다면 바꿔서 요약하는 것이 더 좋다. 이럴 경우 청취력뿐만 아니라 어휘력에서도 높은 점수를 받을 수 있다.
- 보통 첫 번째 문장이 주제 문장이고 마지막 문장이 결론이 되는 경우가 많다. 처음 글을 읽어줄 때는 전체적인 문단 파악을 해주고, 두 번째로 읽어줄 때는 첫 문장과 마지막 문장을 외웠다가 답변에 포함해 주는 것도 좋다.

어휘력

- 12점 만점
- Accuracy of vocabulary in context(문맥상 단어의 정확성) : 표현이 어색하지 않게 적절한 단어를 사용하여 문장을 구성하는지 평가하는 부분이다.
- Incorporation of applicable advanced terms and phrases(수준 높은 단어나 표현의 적절한 사용) : 같은 뜻의 단어지만 수준 높은 단어를 써주면 점수를 더 높게 받을 수 있다.

> **Tips!**
- 어휘력에서 좋은 점수를 받기 위해서는 같은 뜻을 가진 유사어를 많이 알아두는 것이 좋다. 반복을 최소화 시키는 것이 중요하다.
- 그림과 그래프 묘사에서 높은 수준의 단어를 숙지해 가면 어휘력에서 높은 점수를 얻을 수 있다.

문법

- 24점 만점
- Correct usage of parts of speech(품사의 올바른 사용) : 동사, 형용사, 명사 등의 품사가 문장의 적절한 위치에 있는지가 채점 기준이다.
- Verb tense accuracy / consistency(시제의 정확성 및 시제 일치) : 과거, 현재, 미래의 시제가 정확히 구사되는지가 중요하다. 시제를 정확히 해야 문장의 흐름이 자연스럽다.

- Syntax and diction(구문 및 어법) : 문장이 복잡해질수록 구문 및 어법 부분이 어려워진다. 단어가 정확한 위치에 잘 나열되어 있는지가 채점 기준이다.
- Sentence structure variety / complexity(문장 구조의 다양성 및 복잡성) : 수동태와 능동태의 쓰임이 적절한지, 또는 복잡한 문장을 구사할 때 문법에 맞게 말하는지가 평가된다.
- Incorporation of transition signals / phrases(화제 전환 표현 사용) : 문장의 화제가 전환될 때, 얼마나 자연스럽고 강조되며 전환되는지가 평가 기준이다. 다양한 표현을 알아두어야 한다.

Tips!

- 시제와 복수, 단수는 영어에서 가장 기본적인 평가 기준이다. 기본이기 때문에 틀렸을 경우에 감점이 많이 된다. 반복되는 실수가 없도록 기초 문법을 잘 다져 놓는 것이 좋다.
- 표현이나 숙어를 외우는 것이 좋다. 특히 화제 전환 표현의 경우 답변을 고급스럽게 만들어 주기 때문에 다양한 표현을 숙지해 가야 한다.

유창함

- 12점 만점
- Communicative comprehension(의사소통적 이해) : 얼마나 시험관의 말을 이해 할 수 있는지에 대한 점수이다.
- Logical flow and clarity of response(응답의 논리적 흐름과 선명도) : 비교·대조 문제에서 가장 잘 평가되는 부분이며 논리적인 답변이 중요하다.
- Demonstration of freedom of expression(표현의 자연스러움) : 원어민의 영어 구사능력과 얼마나 비슷한지가 채점 기준이다. 초보자는 어려운 부분이지만 많은 점수 비중을 차지하진 않는다.
- Confidence and poise(자신감과 자세) : 2:1 인터뷰 방식 시험 진행이므로 표정과 적절한 제스처가 중요하다. 자신감 있게 보이는 것이 핵심이다.

Tips!

- 논설문을 그대로 말로 표현한다고 생각하고 대답하는 것이 좋다. 즉, 논리적인 흐름을 위해 답변의 전체적인 구조가 중요하다.
- First, Second, 또는 First, Next 등의 단어를 익혀서 이유나 근거를 말할 때 사용하는 것이 좋다. 더 의미전달이 깔끔하고 강하게 될 수 있다.

CHAPTER 03 평가 등급

Level	Range	Ability
Basic [Level 1]	0~15	처음 영어를 접하는 수준이며, 레벨로 표시하기 어려운 단계 Speaker makes no attempt to respond. Speaker at the basic level lacks the English communication skills necessary to respond to questioning and/or may not comprehend what is being asked.
Low intermediate [Level 2]	16~24	영어로 간단한 인사와 자기소개 정도를 할 수 있으며, 5W1H의 대답이 가능한 단계 Speaker is able to give one-word or short-phrase responses to the 5W1H questions. Speaker may not fully comprehend all questions and thus respond to an unrelated topic.
intermediate [Level 3]	25~34	간단한 생활영어가 가능하며, 발음과 문법에 초점을 맞추어 대화를 하는 단계 Speaker is able to communicate basic ideas within limited contexts, but is unable to sufficiently support an opinion or statement. The majority of speaker's responses contain habitual grammatical, vocabulary and/or pronunciation errors.
Upper intermediate [Level 4]	35~49	생활영어에 대한 전반적인 주제에 대해 대화가 가능하지만, 문법적 오류가 있는 단계 Speaker is able to communicate basic ideas across a wide range of general conversational topics. Speaker is occasionally able to provide some elaboration, but responses still contain frequent grammatical, vocabulary and/or pronunciation errors.
Low Business [Level 5]	50~64	비즈니스 회화가 가능하나, 심도 있는 언어 표현은 부족한 단계 Speaker is able to express general ideas successfully but with limited elaboration. Speaker may lack the vocabulary and complex grammatical structures necessary to deliver in-depth responses with accuracy.
Business [Level 6]	65~74	비즈니스의 다양한 상황에 따른 Formal한 회화를 구사할 수 있는 단계 Speaker is highly intelligible and able to express ideas and elaborate on responses effectively. Speaker may occasionally use imprecise vocabulary, grammar and/or pronunciation, but these errors do not hinder general comprehensibility.
Advanced [Level 7]	75~84	Native와는 구분이 되지만 회화에 대해 어려움이 전혀 없는 단계 Speaker's proficiency approaches the native level. Speaker delivers well-developed responses and explanations. At the advanced level, the speaker's use of imprecise vocabulary, grammar and/or pronunciation is rare and negligible.
Native [Level 8]	85~96	Native Speaker 및 영어가 모국어인 교포 수준의 영어회화 단계 Speaker's proficiency is equivalent to that of a native speaker. Speaker demonstrates complete control of language and freedom of expression.

CHAPTER 01. 소개 및 전략

CHAPTER 02. 예제 및 답변

Part 2

분위기 쇄신 질문
(Ice Breaker)

CHAPTER 01 소개 및 전략

소개

Ice Breaker은 시험의 시작을 알리는 문제이다. 사전적 의미로 쇄빙선을 뜻하는데 직역하면 '얼음을 깬다'는 의미로써, 시험관과 응시자가 처음 만났을 때의 얼음 같은 어색한 분위기를 깬다는 의미로 쓰인다.

시험은 간단한 인사와 함께 이름을 물으며 시작된다. 이름 확인이 끝나면 날씨 등을 물어보며 분위기를 쇄신하는 역할을 한다. 분위기 쇄신용 문제이기 때문에 시험관과 응시자 사이에 간단한 질문과 답변이 오간다. 이때 응시자의 답변은 거의 점수에 반영되지 않는다. 하지만 시험관은 응시자의 답변 능력으로 실력을 파악한 뒤, 그 다음 문제, 또는 전체 시험의 난이도를 조절한다. 쉬운 질문을 받기 위해서 이 부분을 연습하고 가지 않거나 일부러 조금 쉽게 대답하는 경우가 있는데, 이는 잘못된 생각이다. 문제 난이도에 따라 최대로 매길 수 있는 점수가 다 다르기 때문에, 자신의 역량을 모두 보여주는 것이 가장 중요하다. 따라서 Ice Breaker 질문부터 시작하여 마지막 문제까지 최선을 다해 최대한 많은 영어 문장을 구사하고 나오는 것이 중요하다.

전략

▶ 최대한 자연스럽게!

SPA 시험은 응시자의 영어 구사 능력이 얼마나 원어민의 언어 구사 능력과 흡사한지를 보는 것이다. 따라서 최대한 자연스럽게 그들과 비슷한 어투를 구사하는 것이 중요하다. 그들이 서로의 안부를 물을 때, 긴장하며 질문하거나 대답하지는 않을 것이다. 따라서 긴장을 풀고 친구에게 인사를 하듯 최대한 자연스럽게 답변하는 것이 좋다.

▶ 처음 대답을 잘해야 시험이 쉬워진다.

비록 간단한 질문들이지만, 응시자가 시험의 시작부터 대답을 잘 한다면 본인 스스로가 자신감을 갖게 되어 그 후의 전반적인 시험을 잘 치르는 경우가 대부분이다. 그렇기 때문에, 쉬운 문제이지만 정확한 답변을 하는 것이 가장 중요하다.

▶ 밝고 자신감 있게 대답하라.

응시자들 가운데 How do you feel today?(당신 오늘 기분 어떻습니까?) 라는 질문에 I'm nervous.(난 긴장돼요.)와 같이 자신이 긴장한 것을 표출하는 응시자들이 있는데, 굳이 긴장했음을 시험관에게 알릴 필요가 없다. 긴장을 했다는 것은 영어에 대한 자신감이 없다는 것을 의미하고, 그렇게 되면 시험관은 응시자의 대답에서 틀린 점을 더 찾아내려고 할 것이다. 따라서 긴장 되더라도 I feel fine.(나는 기분 좋습니다.) 등으로 표현하는 것이 중요하다.

CHAPTER 02 예제 및 답변

Q What is your name?
A My name is Lindsay

Q 당신의 이름은 무엇입니까?
A 내 이름은 Lindsay입니다.

Q What is your full name?
A My full name is Lindsay Oh.

Q 당신의 전체 이름은 무엇입니까?
A 내 이름은 Lindsay Oh입니다.

Q How do you feel today?
A I feel fine today, thank you.

Q 당신은 오늘 기분이 어떻습니까?
A 오늘 기분 괜찮아요. 고맙습니다.

Q What's the weather like today?
A Today the weather is beautiful and sunny.

Q 오늘 날씨가 어떻습니까?
A 오늘 날씨는 아름답고 화창합니다.

Q How did you get here?
A I got here by subway.

Q 당신은 이곳에 어떻게 왔나요?
A 나는 지하철을 타고 왔습니다.

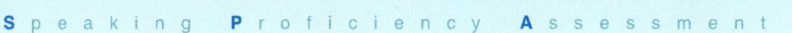

CHAPTER 01. 소개 및 전략

CHAPTER 02. 주제별 문제

Part

개인 질문
(Personal Question)

CHAPTER 01 소개 및 전략

소개

Personal Question(개인 질문)은 전체 시험 문항에서 가장 많은 부분을 차지하는 문제 유형이다. 이 유형은 일상생활과 관련된 모든 주제에 관해 질문이 나온다. 개인의 사생활, 취미, 직업부터 시작하여 기술이나 예술 등의 다양한 분야에서 문제가 출제된다.

이 유형은 답변의 틀이 없고 일상회화처럼 편안하게 대답해야 되는 부분이기 때문에, 채점자가 응시자의 평소 실력을 가장 잘 파악할 수 있는 영역이다.
특히 시제를 신경 써서 대답해야 하는 질문들이 자주 나온다. 예를 들어, Describe your last birthday.(당신의 지난 생일을 묘사하여라.) Describe your morning routine.(당신의 아침 일과를 설명하여라.) When will be your next vacation?(당신의 다음 휴가는 언제가 될 것인가?) 등과 같이 과거, 현재, 미래 시제를 정확히 구사하여 대답해야 하는 문제들이 나온다.

또한 5W 1H(6하 원칙) 관련 질문이 자주 나온다. What, When, Where, Why, Who and How로 이루어진 질문들은 대답할 때 질문에서 어떤 것을 답변으로 요구했는지 정확하게 아는 것이 가장 중요하다.
예를 들어 What is your favorite movie?(당신이 가장 좋아하는 영화가 무엇인가요?) 라는 질문에 My favorite movie is Avengers.(내가 가장 좋아하는 영화는 어벤저스입니다.) 와 같이 정확히 '무엇'인지를 밝혀야 한다. I watched Avengers last year.(나는 작년에 어벤저스를 봤습니다.)와 같이 엉뚱한 대답을 하면 문제이해능력에서 많은 감점이 될 수 있다.

전략

▶ **쉬운 문법을 정확하게 사용하라.**

영어에서 시제를 표현하는 방법은 다양하다. 과거 완료, 현재 진행 등 많은 시제 표현이 있지만 영어가 아직 익숙하지 않은 응시자들은 간단하고 순수한 과거, 현재, 미래 시제 형태를 정확히 구사하는 방법을 알아야 한다.

▶ **문제에서 요구하는 대답 후 추가 설명을 해야 한다.**

문제에서 Yes or No로 대답하거나 6하 원칙과 관련된 질문의 경우, 문제에서 요구하는 답변을 먼저 한 후에 자신의 의견이나 추가 설명을 하는 것이 중요하다. 예를 들어 Do you like watching sports games?(당신은 스포츠 게임 보는 것을 좋아합니까?)라는 질문에 Yes, I like watching sports games. Especially I like watching baseball games because I'm good at playing baseball.(네, 나는 스포츠 게임 보는 것을 좋아합니다. 특히, 야구 보는 것을 좋아하는데 왜냐하면 나는 야구를 잘 하기 때문입니다.)라고 대답을 해야 한다. 즉, Yes 라고 자신의 의견을 확실히 한 후에 그 이유에 대한 설명이 나오면 된다.

▶ **솔직할 필요가 없다.**

시험관이 실제로 응시자의 개인적인 부분이나 의견이 궁금해서 문제를 내는 것이 아니다. 어떻게 답변을 구성하는지를 보는 것이기 때문에 솔직하게 대답하기 보다는 답변하기 쉬운 방향으로 의견을 내는 것이 좋다. 또한 자신의 생각을 그대로 전달하기 어려운 응시자들은 목표점수 달성을 위해서 몇 가지 표현들을 암기해 갔다가 그대로 말하고 나오는 것도 하나의 전략이다.

CHAPTER 02

주제별 문제

▣ STEP 01. 기출문제

Describe yourself.

Let me describe myself. My name is Lindsay. I'm in my mid-30s. I live in an apartment located in Seoul. I live with my family. My family **consists of** 3 members. I'm an **outgoing** and **easy-going** person. However I'm a very **goal-oriented** and **detail-oriented** person especially when I work.

□ 해석 ▶▶▶

당신을 소개하세요.
제 소개를 하겠습니다. 제 이름은 Lindsay입니다. 저는 30대 중반입니다. 저는 서울에 있는 아파트에 살고 있습니다. 저는 가족과 함께 살고 있습니다. 우리 가족은 3명으로 구성되어 있습니다. 저는 외향적이고 느긋한 사람입니다. 하지만 저는 특히 일에 있어서는 매우 목표 지향적이고 꼼꼼한 사람입니다.

□ 중요 표현 ▶▶▶

consist of ~ ~으로 구성되다, 이루어지다
outgoing 외향적인
easy-going 느긋한
goal-oriented 목표지향적인
detail-oriented 꼼꼼한

Describe your last birthday.

I had the best birthday party ever with my family. We went to a fancy restaurant and had a great dinner together. My family gave me many gifts. Waiters started singing to me while I was talking with my family. This was my last birthday.

□ 해석 ▶▶▶

당신의 작년 생일을 묘사하세요.
저는 작년 생일에 가족과 함께 지금껏 최고의 파티를 했습니다. 우리는 화려한 레스토랑에 갔고 함께 굉장한 저녁식사를 했습니다. 우리 가족은 내게 많은 선물들을 주었습니다. 웨이터들은 내가 가족과 이야기를 나누고 있을 때 나를 위해 노래를 부르기 시작했습니다. 이것이 내 작년 생일입니다.

Describe one of your belongings that you adore.

One of belonging that I adore is my family. I love them **without exception**. They always support, believe, and trust in me. That's why my family is one of the most adorable things in my life.

□ 해석 ▶▶▶

당신이 아끼는 것들 중 하나를 묘사하세요.
제가 아끼는 것들 중 하나는 제 가족입니다. 저는 그들을 예외 없이 사랑합니다. 그들은 항상 저를 지지하고, 믿어주고, 신뢰합니다. 그것이 바로 제 가족이 제 삶 중 가장 사랑스러운 이유입니다.

□ 중요 표현 ▶▶▶

without exception 예외 없이

Have you ever told white lie? When do you tell white lies?

Yes, I have. I usually tell a white lie to my family when I'm sick. I don't want them to worry about me so I always tell them that "I'm okay".

□ 해석 ▶▶▶

당신은 선의의 거짓말을 해본 경험이 있나요? 언제 선의의 거짓말을 해봤나요?
네, 해봤습니다. 사실, 저는 보통 제가 아플 때 우리 가족에게 선의의 거짓말을 합니다. 저는 그들이 저를 걱정하게 하고 싶지 않아서 언제나 "나는 괜찮아"라고 말합니다.

□ 중요 표현 ▶▶▶

white lie 선의의 거짓말

What is the thing that makes you really happy?

It makes me really happy when I see my son achieves his goals, especially one that he has been struggling with for a long time.

□ 해석 ▶▶▶

당신을 정말로 행복하게 만드는 것은 무엇인가요?
제 아들이 오랫동안 노력해왔던 뭔가를 이루었을 때, 그때가 저를 정말 행복하게 합니다.

What's the biggest lie you've ever told?

The biggest lie I've ever told is that I was sick so I couldn't make it to work. Instead I went to my son's soccer game.

☐ 해석 ▶▶▶

당신이 지금까지 한 거짓말 중 가장 큰 것은 무엇입니까?
제가 지금까지 한 가장 큰 거짓말은 제가 아파서 회사에 가지 못한다는 것이었습니다. 그 대신 저는 아들의 학교 축구 게임에 갔습니다.

☐ 중요 표현 ▶▶▶

make it (시간 맞춰) 가다, 성공하다

What is your major goal in life?

My major goal in life is to be promoted to department head.

☐ 해석 ▶▶▶

당신 인생의 주요 목표는 무엇입니까?
제 인생의 주요 목표는 제가 부서장으로 승진하는 것입니다.

☐ 중요 표현 ▶▶▶

be promoted to ~ ~로 승격되다

Have you ever been in a car accident?

Yes, I have been in a car accident about two years ago. A car hit mine from behind while I was waiting at a red light.

☐ 해석 ▶▶▶

교통사고가 난 경험이 있습니까?
네, 약 2년 전에 교통사고가 난 적이 있습니다. 제가 빨간 불에 대기 중일 때 한 차가 뒤에서 제 차를 쳤습니다.

How do you usually like to spend your weekends?

I usually like to spend my weekends with my family and my best friend's family.

☐ 해석 ▶▶▶

당신은 주말에 보통 무엇을 하면서 보내는 것을 좋아하나요?
저는 보통 저와 제 가장 친한 친구의 가족과 함께 주말을 보내는 것을 좋아합니다.

STEP 02. 예상문제

Are you an introvert or an extrovert?

I'm an extrovert because I always get along with my friends and I'm not nervous when I meet new people.

- 해석 ▶▶▶

    당신은 내성적인 성격입니까 외향적인 성격입니까?
    저는 항상 제 친구들과 어울려 다니고 새로운 사람들을 만날 때 긴장하지 않기 때문에 외향적인 성격입니다.

- 중요 표현 ▶▶▶

    introvert 내성적인
    extrovert 외향적인
    get along with ~ ~와 잘 지내다

What is the thing that makes you really sad?

When I hear about tragedies on the news, those kinds of unfortunate events make me sad.

- 해석 ▶▶▶

    당신을 정말 슬프게 만드는 것은 무엇입니까?
    뉴스에서 비극적인 일들을 들었을 때, 그런 종류의 불행한 사건들은 저를 슬프게 합니다.

What is the most emotionally painful thing that has ever happened to you?

The most emotionally painful thing that has ever occurred to me is my prom date backing out one day before prom.

- 해석 ▶▶▶

    당신에게 일어났던 가장 감정적으로 고통스러웠던 일은 무엇인가요?
    저에게 일어났던 일 중 가장 감정적으로 고통스러웠던 일은 제 프롬 파트너가 프롬 하루 전에 취소하기로 결심했을 때입니다.

- 중요 표현 ▶▶▶

    back out ~ (하기로 했던 일에서) 빠지다

What is the most physically painful thing that has ever happened to you?

The most physically painful thing that has ever happened to me is when I breaking some bones when I fell down on my skis.

□ 해석 ▶▶▶

당신에게 일어났던 가장 신체적으로 고통스러웠던 일은 무엇인가요?
저에게 일어났던 일 중 가장 신체적으로 고통스러웠던 일은 제가 스키를 타다가 넘어져서 뼈 몇 개가 부러졌을 때입니다.

What's the best decision you have ever made?

The best decision I've ever made is to marry my wife.

□ 해석 ▶▶▶

당신이 지금까지 내린 최고의 결정은 무엇입니까?
제가 지금껏 내린 최고의 결정은 제 아내랑 결혼한 것입니다.

Who in your life has influenced you the most? How did they do it?

My parents have influenced me the most in my life. They have taught and shown me what was important to learn in life, and as a person.

□ 해석 ▶▶▶

당신의 삶에서 당신에게 가장 영향을 많이 끼친 사람은 누구인가요? 그들이 어떻게 영향을 끼쳤나요?
제 부모님이 제 삶에서 제게 가장 영향을 많이 끼쳤습니다. 그들은 제게 살아가면서, 그리고 사람으로서 무엇을 배우는 것이 중요한지 가르쳐주시고 보여주셨습니다.

How would you explain your basic life philosophy?

My basic life philosophy is to always try your best, be honest and kind to people, and to always improve myself.

□ 해석 ▶▶▶

당신의 기본 삶의 철학을 어떻게 설명하시겠습니까?
제 기본 삶의 철학은 언제나 최선을 다하고, 사람들에게 솔직하고 친절히 대하며 항상 제 자신을 개발하는 것입니다.

If someone were to make a movie about your life, who would you hope would play you?

If someone were to make a movie about my life, I think the best actor to portray me would be Will Ferrell. Like me, he is not some handsome-looking model, but a funny person who never gives up and always keeps trying hard.

▫ 해석 ▶▶▶

만약 어떤 사람이 당신의 삶을 영화로 만든다면, 당신의 역할은 누가 맡길 희망합니까?
만약 어떤 사람이 제 삶을 영화로 만든다면, 저를 표현할 최고의 배우는 Will Ferrell이라고 생각합니다. 그는 저처럼 잘생긴 외모의 모델은 아니지만 절대 포기하지 않고 언제나 열심히 하는 재미있는 사람입니다.

Have you ever experienced culture shock?

Yes I experienced culture shock when I went to India for a business trip. It was such a diverse culture and the people were more easy-going than in Korea.

▫ 해석 ▶▶▶

당신은 문화 충격을 경험한 적이 있습니까?
네 저는 인도에 출장 갔을 때 문화 충격을 경험했습니다. 매우 다양한 문화였고 사람들이 한국 사람들보다 더 느긋했습니다.

GOING OUT

▪ STEP 01. 기출문제

Do you like going out or staying at home?

It depends on the situation. During weekdays, I **prefer to** stay at home because I have to be rested for the next day. However on weekends, I normally **go out** and have dinner with my family.

□ 해석 ▶▶▶

당신은 외출하는 것을 좋아합니까, 집에 있는 것을 좋아합니까?
상황에 따라 다릅니다. 주중에는 다음날을 위해 휴식을 취해야 하기 때문에 집에 있는 것을 선호합니다. 하지만 주말엔 저는 보통 나가서 가족과 함께 저녁식사를 합니다.

□ 중요 표현 ▶▶▶

prefer to ~ ~을 선호하다
go out 외출하다

What do you like to do when you go out?

I normally like to go to a fancy restaurant after watching a movie with my family. Also, my family enjoys going shopping, so we do that as well.

□ 해석 ▶▶▶

당신은 외출하면 무엇을 합니까?
저는 보통 가족들과 함께 영화를 본 후에 화려한 음식점에 갑니다. 또한, 우리 가족은 쇼핑하는 것도 즐기기 때문에, 쇼핑도 합니다.

How often do you go out?

Twice a week. Usually on weekends.

□ 해석 ▶▶▶

얼마나 자주 외출합니까?
일주일에 두 번입니다. 보통 주말에 외출합니다.

STEP 02. 예상문제

Do people in your country go out a lot?

Yes, because there are many places where people can go to **hang out**. For example, there are karaokes, pubs, and other similar kinds of establishments. Also, Korean people normally get along with their friends and co-workers, so they go out often together.

□ 해석 ▶▶▶

당신 나라 사람들은 많이 외출하나요?
네, 왜냐하면 사람들이 어울려서 갈만한 장소가 많이 있기 때문입니다. 예를 들면, 노래방이나 선술집, 그리고 다른 비슷한 타입의 시설들이 있습니다. 또한 한국 사람들은 보통 친구들, 직장 동료들과 어울려 다니기 때문에 그들은 자주 함께 외출합니다.

□ 중요 표현 ▶▶▶

hang out 어울려 놀다

How and where do people in your country usually socialize?

They normally use SNS or instant messenger services to make a plan. Then they usually go to a café, restaurant, or pub for socializing.

□ 해석 ▶▶▶

당신 나라 사람들은 보통 사람을 어떻게, 그리고 어디에서 사귀나요?
그들은 보통 SNS와 인스턴트 메신저 서비스를 사용해서 계획을 세웁니다. 그리고 그들은 친구와 어울리기 위해 대개 카페나 음식점, 또는 선술집을 갑니다.

DAILY ROUTINE

◾ STEP 01. 기출문제

Describe your daily routine.

I wake up at 6 in the morning. I make a cup of tea and have breakfast with my family. After that, I take a shower and get dressed. I commute to my office by subway. It normally takes an hour. I get off the station and walk the rest of the way. I work during the morning and I have lunch with my co-workers at 12. After lunch, I keep working until the 6PM daily meeting. The meeting usually lasts an hour, after which I leave work. This is my daily routine.

□ 해석 ▶▶▶

당신의 하루 일과에 대해 설명해보세요.
저는 아침 6시에 일어납니다. 저는 차 한 잔을 만들고 가족과 함께 아침식사를 합니다. 그 다음엔 샤워를 하고 옷을 입습니다. 저는 회사까지 지하철을 타고 통근합니다. 보통은 한 시간이 걸립니다. 역에서 내려서 회사까지 나머지 길은 걸어갑니다. 저는 아침 동안 일하고 정오에 직장 동료들과 함께 점심을 먹습니다. 점심식사 후에는 오후 6시에 일일 회의가 있을 때까지 계속 일을 합니다. 그 회의는 보통 한 시간이 걸리고 그 후에 저는 회사를 떠납니다. 이것이 저의 하루 일과입니다.

What do you do on the weekend?

I normally go out with my family. We have a great time outside. Because I don't have enough time to spend with my family during the weekday due to work, I normally go out with my family on the weekends.

□ 해석 ▶▶▶

당신은 주말에 무엇을 합니까?
저는 보통 가족과 함께 외출합니다. 우리는 밖에서 굉장한 시간을 보냅니다. 저는 일 때문에 주중에는 가족과 충분한 시간을 보내지 못하기 때문에, 대개 주말에 가족과 함께 외출합니다.

STEP 02. 예상문제

What is your typical weekday like?

I work very hard at my company and spend time with my family after work.

□ 해석 ▶▶▶

당신의 일반적인 평일은 어떻습니까?
저는 회사에서 매우 열심히 일하고 일이 끝난 후에는 가족과 함께 시간을 보냅니다.

Describe your morning routine at work.

I get to my office by 8 in the morning. I first turn on the computer and then have a cup of coffee with my colleagues. I check my emails and prepare a report for the evening meeting. Sometimes, I might do a presentation during the morning. Lastly I have lunch at 12.

□ 해석 ▶▶▶

회사에서 당신의 아침 일과를 설명하세요.
저는 아침 8시까지 사무실에 도착합니다. 먼저 저는 컴퓨터를 켜고 제 동료들과 커피를 마십니다. 저는 이메일을 확인하고 오후 회의에 쓸 보고서를 준비합니다. 가끔 오전에 발표를 하는 경우도 있습니다. 그리고 저는 12시에 점심을 먹습니다.

SHOPPING

■ STEP 01. 기출문제

How do you feel about shopping?

I think shopping is needed and fun. It is necessary because sometimes you have to shop for necessities like grocery shopping. However, it can also be fun especially when you are shopping for things you enjoy using.

□ 해석 ▶▶▶

쇼핑에 대해서 어떻게 생각하십니까?
제 생각에 쇼핑은 필요하고 재미있습니다. 쇼핑은 당신이 장볼 때 꼭 필요합니다. 하지만, 이것은 또한 당신이 사용할 것을 살 때 재미있습니다.

■ STEP 02. 예상문제

Do you like to shop online?

Yes, I like to shop online because I usually don't have time to go to the mall during the week due to my work. Shopping online is more convenient. Therefore, I like to shop online.

□ 해석 ▶▶▶

당신은 인터넷으로 쇼핑하는 것을 좋아합니까?
네, 저는 주중에는 일 때문에 쇼핑몰에 갈 충분한 시간이 없기 때문에 인터넷으로 쇼핑하는 것을 좋아합니다. 인터넷으로 쇼핑하는 것은 굉장히 편리합니다. 그러므로 저는 인터넷으로 쇼핑하는 것을 좋아합니다.

SPORTS

▸ STEP 01. 기출문제

Do you like sports?

Yes I do. I like sports especially baseball.

□ 해석 ▶▶▶

당신은 운동을 좋아합니까?
네 좋아합니다. 저는 특히 야구를 좋아합니다.

Do you enjoy watching sports?

Yes I do. I enjoy watching sports in my free time.

□ 해석 ▶▶▶

당신은 스포츠 경기 보는 것을 좋아합니까?
네. 저는 여가시간에 스포츠 경기 보는 것을 좋아합니다.

Do you enjoy participating in any sports?

Yes I do. I enjoy participating in baseball game.

□ 해석 ▶▶▶

당신은 어떤 운동에라도 참여하는 것을 좋아합니까?
네. 저는 야구게임에 참여하는 것을 좋아합니다.

□ 중요 표현 ▶▶▶

participate in ~ ~에 참여(참가)하다

Which sports are most popular in your country?

The most popular sports in my country are basketball, baseball and soccer. Among them, soccer is the most popular sport in Korea because we went to the World Cup semi-finals in 2002.

□ 해석 ▶▶▶

당신 나라에서는 어떤 스포츠가 가장 인기 있습니까?
우리나라에서 가장 인기 있는 스포츠는 농구, 야구, 축구입니다. 그 중에서도 한국에서는 축구가 가장 인기 있는데, 2002년 우리나라가 월드컵에서 준결승까지 진출했기 때문입니다.

STEP 02. 예상문제

What's your favorite sport?

My favorite sport is baseball.

□ 해석 ▶▶▶

당신이 가장 좋아하는 스포츠는 무엇입니까?
제가 가장 좋아하는 스포츠는 야구입니다.

When did you first become interested in sports?

When I was in elementary school, I usually played soccer with my friends after school. One day, my team won the soccer game because of a goal I scored. That is the first time that I became interested in sports.

□ 해석 ▶▶▶

당신은 언제 처음으로 스포츠에 흥미가 생겼습니까?
제가 초등학생일 때, 저는 보통 방과 후에 친구들과 축구를 했습니다. 하루는 제가 득점한 골 덕분에 우리 팀이 축구 경기에서 이겼습니다. 그때 제가 처음으로 스포츠에 흥미를 갖게 되었습니다.

□ 중요 표현 ▶▶▶

interested in ~ ~에 관심 있는

How often do you participate in sports?

Once a week. Even if I'm busy working I try to engage in sports because I want to stay healthy.

□ 해석 ▶▶▶

당신은 얼마나 자주 스포츠에 참여합니까?
일주일에 한 번입니다. 일 때문에 바쁘지만, 저는 건강을 유지하고 싶기 때문에 스포츠에 참여하려고 노력합니다.

□ 중요 표현 ▶▶▶

be busy ~ing ~ 하느라 바쁘다

What equipment do you need for your favorite sport?

Usually a ball and some safety equipment are enough to play.

□ 해석 ▶▶▶

당신이 가장 좋아하는 스포츠를 하려면 어떤 장비가 필요합니까?
보통 공 한 개와 안전 장비면 충분합니다.

FAMILY

▸ STEP 01. 기출문제

Describe your family.

My family consists of my wife, my son and myself. My wife is 4 years younger than me. She easily forgets something and sometimes she is very silly. But she is cute and lovely. My son is 12 years old. He attends elementary school. He doesn't really enjoy his studies yet. He likes outdoor activities, especially soccer.

▫ 해석 ▶▶▶

당신의 가족에 대해 설명하세요.
우리 가족은 제 아내와 아들, 그리고 저로 구성되어 있습니다. 제 아내는 저보다 4살 어립니다. 그녀는 뭔가를 쉽게 잊어버리고 가끔은 매우 바보 같습니다. 하지만 그녀는 귀엽고 사랑스럽습니다. 제 아들은 12살 입니다. 그는 초등학교에 다닙니다. 그는 아직 공부하는 것을 많이 즐기지는 않습니다. 그는 실외 활동, 특히 축구를 좋아합니다.

How much time do you spend with your family?

During the weekday, I have only a few hours in the evening since I get home late from work. However, I try to spend the whole weekend with the family as much as possible.

▫ 해석 ▶▶▶

당신은 가족과 얼마나 많은 시간을 보냅니까?
평일에는 일을 하고 집에 늦게 들어가기 때문에 저녁에 몇 시간 밖에 남지 않습니다. 하지만 저는 가능하면 주말 내내 가족과 함께 보내려고 노력합니다.

Have you ever thought of adopting?

No, I have never thought about adopting. However if I do, I think that I will need to be financially secure enough before making such a decision.

▫ 해석 ▶▶▶

입양에 대해 생각해본 적이 있습니까?
아니오, 저는 입양에 대해 생각해 본 적이 없습니다. 하지만 생각해본다면, 입양 결정을 내리기 전에 충분한 재정적 안정이 필요하다고 생각합니다.

How do you discipline your child?

My boy often **gets in to trouble** since he turned 13 this year. He studies till late, however, he is not interested in studying. I feel bad, but I know that he needs to study for a better future. It's not that I don't understand the difficulties he is facing. Two days ago, he broke a promise. He didn't come back home until late. He also didn't go to the private institute. After work, we **had a long conversation**. I persuaded him to go back to the private institute. I often **make an effort** to encourage him. This is how I discipline my child.

□ 해석 ▶▶▶

당신의 자녀를 어떻게 훈육합니까?
제 아들은 올해 13살이 되면서 자주 문제를 일으킵니다. 그는 늦게까지 공부하지만 공부하는 것에 흥미가 없습니다. 저는 그가 안됐지만, 더 좋은 미래를 위해서는 그가 공부해야 한다는 것을 알고 있습니다. 그가 처한 어려움들을 제가 이해하지 못한다는 것이 아닙니다. 이틀 전, 그는 약속을 어겼습니다. 그는 늦게까지 집에 돌아오지 않았습니다. 그는 학원에도 가지 않았습니다. 일이 끝난 후에, 우리는 긴 대화를 나눴습니다. 저는 그를 학원으로 돌아가라고 설득했습니다. 저는 종종 열정적으로 그를 격려해줍니다. 이것이 제가 자녀를 훈육하는 방법입니다.

□ 중요 표현 ▶▶▶

get in trouble 곤란에 처하다
have a conversation 대화를 나누다
make an effort 노력하다

▪ STEP 02. 예상문제

What do you like to do together as a family?

There are many activities we as a family like to do together. Sometimes we like to do sports such as bicycling, or swimming. We also enjoy going to the movies and shopping together. Finally, and we also enjoy **dining out from time to time**.

□ 해석 ▶▶▶

당신은 가족으로서 함께 무엇을 합니까?
가족으로서 우리가 하는 활동들은 많습니다. 종종 우리는 자전거 타기나 수영과 같은 스포츠를 합니다. 우리는 또한 함께 영화를 보러 가고 쇼핑을 즐깁니다. 마지막으로, 우리는 때로 외식하는 것을 좋아합니다.

□ 중요 표현 ▶▶▶

dining out 외식하다
from time to time 가끔, 이따금

Do you get along well with your family?

Yes we do. We love each other, and we can **communicate with** each other openly, so we get along with each other very well.

□ 해석 ▶▶▶

당신은 가족과 함께 잘 지냅니까?
네 그렇습니다. 우리는 서로 사랑하고, 서로 열린 마음으로 대화하기 때문에 우리는 서로 잘 지냅니다.

□ 중요 표현 ▶▶▶

communicate with ~ ~와 대화하다, 의사소통하다

Are people in your country generally close to their families?

Unfortunately, many fathers finish late from work, so they cannot spend the same amount of time with their children like their mothers. Still, all fathers and parents in general, do their utmost to keep close ties with family members.

□ 해석 ▶▶▶

당신 나라 사람들은 일반적으로 가족들과 가깝게 지냅니까?
불행히도, 많은 아버지들이 직장에서 늦게 마치므로 어머니들처럼 자녀들과 많은 시간을 보내지 못합니다. 여전히, 모든 아버지들과 보통의 부모들은 가족 구성원들과 가까운 관계를 유지하기 위해 최선을 다합니다.

Describe your family tradition.

My whole family gathers together for the lunar New Year and Thanksgiving at my mother's house in Busan every year. My family, my two sisters' families and other relatives come as well. We are a big **extended family**. We prepare the food together **in order to** hold the memorial service to our ancestors. After that, we eat the food. We also chitchat and play games such as go-stop. This is my family tradition.

□ 해석 ▶▶▶

당신의 가풍을 설명하세요.
우리 가족은 부산에 있는 우리 어머니의 집에서 매해 구정과 추석에 모두 모입니다. 우리 가족과 제 두 명의 여동생의 가족들, 그리고 다른 친척들도 옵니다. 우리는 대가족입니다. 우리는 우리 조상님들을 기리는 풍습을 위해 함께 음식을 준비합니다. 그 후에, 우리는 그 음식을 먹습니다. 우리는 이야기도 하고 고스톱 같은 게임도 합니다. 이것이 우리 가족 풍습입니다.

□ 중요 표현 ▶▶▶

extended family 확대가족
in order to ~ ~을 위하여

Describe your favorite relative.

Let me tell you about my favorite relatives. I have two nephews. One lives in Busan and the other lives in Incheon. They are very different. The one in Busan is like a man. Her voice is very loud. She is bright and cheerful. She is always happy. The one who lives in Incheon is very quiet. She doesn't talk much. They both got married and each has two children now. They are very kind and nice. Also, we have a lot in common.

□ 해석 ▶▶▶

당신이 가장 좋아하는 친척을 설명하세요.

제가 가장 좋아하는 친척들에 대해 설명 드리겠습니다. 저는 두 명의 조카들이 있습니다. 한 명은 부산에 살고 다른 한 명은 인천에 살고 있습니다. 그들은 매우 다릅니다. 부산에 사는 동생은 마치 남자 같습니다. 그녀의 목소리는 매우 큽니다. 그녀는 밝고 활기찹니다. 그녀는 항상 행복합니다. 인천에 사는 여동생은 매우 조용합니다. 그녀는 말을 많이 하지 않습니다. 그들은 모두 결혼했고 두 명의 아이들이 있습니다. 그들은 매우 친절하고 착합니다. 또한, 우리는 많은 공통점이 있습니다.

FRIEND

■ STEP 01. 기출문제

Describe a friend.

I will describe my best friend. His name is _____. I like him very much because we have similar personality traits such as being outgoing, sociable and goal-oriented.

□ 해석 ▶▶▶

친구에 대해 설명하세요.
제 가장 친한 친구에 대해 설명 드리겠습니다. 그의 이름은 _____ 입니다. 우리는 외향적이고, 사교적이고 목표지향적이라는 비슷한 성격 특성을 가지고 있기 때문에 저는 그를 매우 좋아합니다.

How long have you known each other?

We've known each other for almost _____ years. I first met him at _____.

□ 해석 ▶▶▶

서로 알고 지낸 지 얼마나 됐나요?
우리는 거의 _____년 간 알고 지냈습니다. 저는 그를 _____에서 처음 만났습니다.

■ STEP 02. 예상문제

What do you usually do together?

We usually go hiking on a mountain or go to a restaurant with our families. We converse with each other during that time.

□ 해석 ▶▶▶

보통 함께 무엇을 합니까?
우리는 보통 산에 하이킹을 하거나 우리 가족들과 함께 음식점에 갑니다. 우리는 그 동안 서로 이야기를 나눕니다.

□ 중요 표현 ▶▶▶

go hiking 도보 여행을 하다
converse with ~ ~와 이야기 하다

What do you like the most about him / her?

The thing that I like the most about him is his personality. He has same personality as me, so we have a lot in common.

☐ 해석 ▶▶▶

당신은 그/그녀의 무엇이 가장 좋습니까?
제가 그에게서 가장 좋아하는 것은 그의 성격입니다. 그는 저와 같은 성격을 가지고 있어서, 우리는 공통점이 많습니다.

☐ 중요 표현 ▶▶▶

have a lot in common 공통점이 많다

How often do you see each other?

Only about once a month because we are so busy at work.

☐ 해석 ▶▶▶

당신들은 서로 얼마나 자주 만납니까?
우리는 일 때문에 매우 바빠서 한 달에 한 번 밖에 만나지 못합니다.

If someone asked you to give them a random piece of advice, what would you say?

I would tell him to be ambitious and to maintain a positive attitude. I would also tell him to love one another and to always give your best.

☐ 해석 ▶▶▶

만약 어떤 사람이 당신에게 무작위로 조언 한 마디를 부탁한다면, 당신은 뭐라고 말하겠습니까?
저는 그에게 야망적으로 긍정적인 태도를 유지하라고 말할 것입니다. 저는 또한 그에게 다른 사람을 사랑하고 언제나 최선을 다하라고 얘기할 것입니다.

☐ 중요 표현 ▶▶▶

a piece of advice 조언 한 마디
give your best 최선을 다 하다

WORK

■ STEP 01. 기출문제

What do you do?

I work for Allyfunshow as a manager.

□ 해석 ▶▶▶

무슨 일을 하십니까?
저는 앨리펀쇼에서 매니저로 일하고 있습니다.

How many hours do you work each day?

I normally work 8 hours a day.

□ 해석 ▶▶▶

하루에 몇 시간씩 일하십니까?
저는 보통 하루에 8시간씩 일합니다.

Describe your office.

My office is located in Kangnam. It is 15 stories high and my office is on the 7th floor. My office is very big. There are many desks, chairs, and computers for the employees. My spot is next to the window. The office is noisy and loud. So it's really hard to concentrate on work. This is what my office is like.

□ 해석 ▶▶▶

당신의 사무실에 대해 설명해보세요.
저의 사무실은 강남에 위치해 있습니다. 이 건물의 15층인데 제 사무실은 7층에 있습니다. 사무실은 매우 큽니다. 그곳에는 직원들을 위한 많은 책상들과 의자들, 그리고 컴퓨터들이 있습니다. 제 자리는 창문 옆입니다. 사무실은 시끄럽고 부산합니다. 그래서 업무에 집중하기 매우 어렵습니다. 이것이 우리 사무실 생김새입니다.

□ 중요 표현 ▶▶▶

be located in ~ ~에 위치하다
concentrate on ~ ~에 집중하다

Describe how you prepare for a meeting.

First, I book a meeting room and I send notice about the schedule to people who need to **be included in** the meeting. Next, I prepare some visual materials to help people understand the material more easily. Lastly, I check my agenda and **bullet points** one more time before starting the meeting.

☐ 해석 ▶▶▶

당신이 회의를 어떻게 준비하는지 설명하세요.
먼저, 회의장을 예약하고 회의에 참석해야 하는 사람들에게 스케줄을 공지로 보냅니다. 그 다음, 저는 사람들이 자료를 더욱 쉽게 이해할 수 있도록 도와주는 시각 자료들을 준비합니다. 마지막으로, 회의를 시작하기 전에 의제와 요약 내용들을 한 번 더 확인합니다.

☐ 중요 표현 ▶▶▶

be included in ~ ~에 포함되다
bullet point 요점 사항, 강조 사항

What advice would you give to a new employee in your company?

I have been working in this company for 22 years so I have a lot of experience with all sorts of things. If there are new employees in my team, I let them know I am always here for them so that they can ask for any kind of help. I also like to tell them they can learn and grow a lot since we all belong to excellent company in Korea. This is the kind of advice I would give to a new employee in my company.

☐ 해석 ▶▶▶

당신 회사에 들어온 신입사원들에게 어떤 조언을 해주고 싶습니까?
저는 이 회사에서 22년 간 일해 왔기 때문에 모든 상황에 대해서 많은 경험이 있습니다. 만약 제 팀에 신입사원이 들어온다면, 저는 그들에게 제가 언제나 그들을 위해 있으니 그들이 어떤 식으로 도움을 요청할 수 있다는 것을 알려주고 싶습니다. 그리고 저는 그들에게 우리는 모두 한국에서 훌륭한 회사에 속해 있기 때문에 많은 것을 배울 수 있고 성장할 수 있다고 말하고 싶습니다. 이것이 제가 우리 회사에 들어온 신입사원에게 해주고 싶은 조언입니다.

What is something you like about working with your co-workers?

I think there are two benefits to working with co-workers. First, we can finish the work faster because we can divide the work. Second, we can **come up with** better ideas when several people get together and discuss the same project. These are the things that I like about working with my co-workers.

□ 해석 ▶▶▶

당신이 직장 동료들과 함께 일하면서 좋은 점은 무엇입니까?
직장 동료들과 일하면서 두 가지의 좋은 점이 있다고 생각합니다. 첫 번째로, 우리는 업무를 분담할 수 있기 때문에 업무를 더 빨리 끝마칠 수 있습니다. 두 번째로, 프로젝트에 대해 여러 명의 사람들이 함께 의논할 때 더 좋은 아이디어가 나올 수 있습니다. 이것이 제가 직장 동료들과 일하는 것을 좋아하는 점입니다.

□ 중요 표현 ▶▶▶

come up with ~ ~을 찾아내다, 내놓다

■ STEP 02. 예상문제

Describe the process of getting a job in your country.

First, do some research about the companies you want to apply to. Next, compose resumes for each company. After that, take their tests and sit in for an interview. This is the usual process of getting a job in my country.

□ 해석 ▶▶▶

당신 나라에서 직업을 구하는 과정에 대해 설명하세요.
먼저, 당신이 지원하고 싶은 회사들에 대해서 조사를 해야 합니다. 그 다음, 각 회사의 이력서를 작성합니다. 그 후에는 시험들과 면접을 봅니다. 이것이 우리나라에서 직업을 구하는 보통의 과정입니다.

□ 중요 표현 ▶▶▶

get a job 직장을 얻다
apply to 지원하다, 적용되다

What accomplishment are you most proud of?

The accomplishment I'm most proud of is when my team's project proposal won the bid for an overseas project. We had spent many late nights fine-tuning our proposal for several weeks, as well as making sacrifices so that we could all finish our respective tasks by each deadline. We were very nervous because competition was fierce to win this bid but we were confident that our proposal was on par (or even better) than the rest of our competition. We were overjoyed with excitement and elation when we were notified of our proposal being the winning bid. This was my proudest moment at this company.

□ 해석 ▶▶▶

당신의 업적 중 가장 자랑스러운 것은 무엇입니까?

제가 가장 자랑스러운 업적은 우리 팀의 프로젝트 안건이 해외 프로젝트에서 입찰했을 때 입니다. 우리는 몇 주 동안 우리의 안건을 미세조정 하기 위해 야근을 했고, 각각의 업무를 각자의 마감기한에 맞춰 끝내기 위해 희생을 해야 했습니다. 입찰에서 이기기 위한 경쟁이 치열했기 때문에 우리는 매우 긴장했지만, 우리의 안건이 나머지 경쟁작들과 동등하다는(아니면 더 낫다는) 자신감이 있었습니다. 우리의 안건이 입찰되었다고 발표되었을 때 우리는 매우 신났고 기뻐했습니다. 이것이 확실히 이 회사에서 있었던 가장 자랑스러웠던 순간들 중 하나였습니다.

□ 중요 표현 ▶▶▶

win the bid 입찰되다
make sacrifice 희생을 하다
on par 같은, 동등한
be notified 발표되다

How do you discipline your subordinates?

This is how I discipline my subordinates. I am a team manager at work. I have 15 members in my team. I know they are smart, intelligent and creative so I trust them when we are working together. I don't tell them what to do. I let them find their own way. I only guide them when it is needed. This is how I discipline my subordinates.

□ 해석 ▶▶▶

당신은 부하직원을 어떻게 교육시킵니까?

이것이 내가 부하직원들을 교육시키는 방법입니다. 저는 회사에서 팀장입니다. 우리 팀에는 15명이 있습니다. 저는 그들이 똑똑하고 총명하고 창조적이므로 우리가 함께 업무를 한다면 제가 그들을 믿을 수 있다는 것을 알고 있습니다. 저는 그들에게 무엇을 하라고 말하지 않습니다. 그들이 알아서 자신의 길을 찾도록 합니다. 저는 단지 필요할 때 그들을 안내해줄 뿐입니다. 이것이 제가 부하직원들을 교육하는 방법입니다.

COMPUTERS

▮ STEP 01. 기출문제

Do you think computers help society?

Well, I think computers are very convenient tools for everybody. We can do our work on a computer. However if we don't have one then we can't work anymore. With the computer, we can **find information related to** our work, share that information and other work results with coworkers easily. So I think computers are very helpful to society.

□ 해석 ▶▶▶

당신은 컴퓨터들이 사회를 돕는다고 생각합니까?

글쎄요. 저는 컴퓨터들이 모두에게 매우 편리하다고 생각합니다. 우리는 업무를 컴퓨터로 할 수 있습니다. 그리고 우리에게 컴퓨터가 없다면 우리는 더 이상 업무를 할 수 없습니다. 컴퓨터로 우리는 업무와 관련된 정보를 얻을 수 있고 그 정보와 업무 결과를 직장 동료들과 자주 공유할 수 있습니다. 따라서 저는 컴퓨터들이 사회에 매우 도움이 된다고 생각합니다.

□ 중요 표현 ▶▶▶

find information 정보를 입수하다
related to ~ ~와 관련 있는

▮ STEP 02. 예상문제

Do you think computers are bad for health?

Well, I think so. I think spending a long time on the computer is not good for our health. We have to stay stuck in our chairs whenever we use our computers so we don't move and exercise. If we stay seated for a long time, this is not good for our health.

□ 해석 ▶▶▶

당신은 컴퓨터가 건강에 나쁘다고 생각합니까?

글쎄요, 저는 그렇다고 생각합니다. 저는 컴퓨터 앞에서 오랜 시간 보내는 것은 건강에 좋지 않다고 생각합니다. 우리는 컴퓨터를 사용할 때 의자에 붙어있어야 하므로 움직일 수도 없고 운동을 할 수도 없습니다. 우리가 오랜 시간 앉아 있다면, 그것은 건강에 좋지 않습니다.

□ 중요 표현 ▶▶▶

be bad for ~ ~에 나쁘다

How do you think computers have changed the world?

Computers are very convenient. Without computers we can't do many things. Of course computers have also negative side-effects, but we can get many positive benefits from having a computer **rather than** not. And for a long time, computers have helped us to develop everything around the world.

☐ 해석 ▶▶▶

당신은 컴퓨터들이 세상을 바꾼 것에 대해 어떻게 생각합니까?

컴퓨터들은 매우 편리합니다. 컴퓨터가 없으면 우리는 많은 일을 할 수 없습니다. 물론 컴퓨터는 부정적인 부작용 또한 갖고 있지만, 우리는 컴퓨터가 없는 것보다 있음으로써 훨씬 많은 긍정적인 측면을 얻을 수 있습니다. 그리고 오랜 시간 동안, 컴퓨터는 세계를 아울러 모든 것을 발전하도록 도와주었습니다.

☐ 중요 표현 ▶▶▶

rather than ~ 보다는 (A rather than B : B 보다 A)

INTERNET

■ STEP 01. 기출문제

What do you usually do on the Internet?

I usually do my work on the Internet. For example, I communicate with clients via email, talk with co-workers through instant messenger, and search for information.

□ 해석 ▶▶▶

보통 인터넷으로 무엇을 하십니까?
저는 보통 인터넷으로 업무를 합니다. 예를 들어, 저는 이메일로 고객들과 소통할 수 있고, 인스턴트 메신저를 통해 직장 동료들과 이야기할 수 있으며, 정보를 조사할 수 있습니다.

□ 중요 표현 ▶▶▶

search for ~ ~을 찾다

What are some advantages of the Internet?

There are several advantages of the Internet. First, One can find useful information through the Internet. Also, you can share my ideas with other people through email. Lastly, people can chat with someone who lives overseas.

□ 해석 ▶▶▶

인터넷의 장점은 무엇입니까?
인터넷의 장점은 몇 가지가 있습니다. 첫 번째로, 인터넷을 통해서 유용한 정보들을 얻을 수 있습니다. 또한, 다른 사람들과 내 아이디어를 이메일을 통해 공유할 수 있습니다. 마지막으로, 사람들은 외국에 사는 사람들과 이야기할 수 있습니다.

■ STEP 02. 예상문제

Do you use the Internet much during the day?

Yes, I do. I use the Internet at least 8 hours a day because of my work.

□ 해석 ▶▶▶

당신은 하루에 인터넷을 많이 사용합니까?
네, 그렇습니다. 저는 업무 때문에 하루에 적어도 8시간 인터넷을 사용합니다.

What are some disadvantages of the Internet?

There are several disadvantages of the Internet. First, people can get addicted. Also, there are privacy problems. Lastly, it is bad for their health especially their eyesight.

☐ 해석 ▶▶▶

인터넷의 단점은 무엇입니까?
인터넷의 단점은 몇 가지가 있습니다. 첫째, 사람들은 중독될 수 있습니다. 또한, 사생활 문제들도 있습니다. 마지막으로 건강, 특히 시력에 좋지 않습니다.

☐ 중요 표현 ▶▶▶

get addicted 중독되다

Do people in your country use the Internet a lot?

Yes they do. Because they do work, play games, and search information on the Internet. Also the Internet service is well-developed in Korea.

☐ 해석 ▶▶▶

당신 나라 사람들은 인터넷을 많이 사용합니까?
네, 그렇습니다. 그들은 인터넷으로 업무를 하고, 게임을 하고, 정보를 찾기 때문입니다. 또한 한국에는 인터넷 서비스가 잘 발달되어 있습니다.

☐ 중요 표현 ▶▶▶

well-developed 잘 발달된

Do you do any shopping on the Internet?

Yes I do. I sometimes buy books online because I don't have enough time to go shopping due to work.

☐ 해석 ▶▶▶

인터넷 쇼핑을 하십니까?
네, 합니다. 저는 일 때문에 쇼핑 갈 충분한 시간이 없기 때문에 종종 온라인으로 책을 삽니다.

EMAIL

◘ STEP 01. 기출문제

Do you send and receive email regularly?

No I don't. I send and receive email irregularly. I send and receive email only with my client and subcontractor. To be specific, I only use email when I have to do something for work.

▫ 해석 ▶▶▶

당신은 이메일을 정기적으로 보내고 받습니까?
아니오, 그렇지 않습니다. 저는 이메일을 비정기적으로 보내고 받습니다. 저는 오직 고객과 하청업자와 이메일을 주고받습니다. 구체적으로 말하자면, 저는 업무상 뭔가를 해야 할 때만 이메일을 사용합니다.

How often do you check your email?

I check my email over 10 times a day. I check almost fifty emails throughout the day. Sometimes it varies day-to-day.

▫ 해석 ▶▶▶

얼마나 자주 이메일을 확인하십니까?
저는 하루에 10회 이상 이메일을 확인합니다. 저는 하루에 거의 50개의 이메일을 확인하기 때문입니다. 가끔씩 다르기도 합니다.

STEP 02. 예상문제

Who do you usually communicate with?

I usually communicate with the client or a subcontractor.

□ 해석 ▶▶▶

당신은 보통 누구와 소통합니까?
저는 보통 고객이나 하청업자와 소통합니다.

What are some disadvantages of email?

There are some disadvantages to email. First, there can be misunderstanding between people. Second, I cannot check my email if there is no internet service.

□ 해석 ▶▶▶

이메일의 단점은 무엇입니까?
이메일의 단점들이 몇 가지 있습니다. 첫째, 사람들 사이에서 잘못된 이해가 있을 수 있습니다. 둘째, 인터넷 서비스가 없으면 이메일을 확인할 수가 없습니다.

Do you think writing email has strengthened or weakened people's writing skills?

I think writing emails has weakened people's writing skills because people don't really **focus on** grammar when writing emails to their friends. They have become lazy and ignore paragraph forms, and even use emoticons in their sentences. And since so many people write like this, people think that this is the correct way to write. So I think that writing emails has weakened people's writing skills.

□ 해석 ▶▶▶

당신은 이메일을 쓰는 것이 사람들의 작문 실력을 강화한다고 생각합니까 약화한다고 생각합니까?
저는 사람들이 친구들에게 이메일을 쓸 때 문법에 중점을 두지 않기 때문에 이메일을 쓰는 것은 사람들의 작문 실력을 약화한다고 생각합니다. 그들은 점점 문단 형태를 무시하면서 심지어는 문장 안에 이모티콘도 사용합니다. 그리고 너무나도 많은 사람들이 이런 식으로 쓰면서, 사람들은 이것이 쓰기의 올바른 방법이라고 생각합니다. 따라서 저는 이메일을 쓰는 것은 사람들의 작문 실력을 약화한다고 생각합니다.

□ 중요 표현 ▶▶▶

focus on ~ ~에 초점을 맞추다

FILMS

▪ STEP 01. 기출문제

Do you enjoy watching movies?

Yes I do. I enjoy watching movies in my free time.

□ 해석 ▶▶▶

당신은 영화를 즐겨 봅니까?
네 그렇습니다. 저는 자유시간에 영화 보는 것을 즐깁니다.

Who are your favorite celebrity / actress / actors?

My favorite actress is Angelina Jolie. She is very beautiful and a good actress. Not only that, but she also has a great personality. For example, she donates a lot of money to charity and has adopted three children from developing countries such as Cambodia.

□ 해석 ▶▶▶

당신이 가장 좋아하는 연예인/여배우/ 남배우는 누구입니까?
제가 가장 좋아하는 여배우는 안젤리나 졸리입니다. 그녀는 매우 아름답고 좋은 여배우입니다. 그것뿐만 아니라, 그녀는 또한 성격도 좋습니다. 예를 들면, 그녀는 사회에 많은 돈을 기부하고 캄보디아 같은 개발도상국에서 3명의 아이들을 입양했습니다.

□ 중요 표현 ▶▶▶

not only A but also B A 뿐만 아니라 B도

STEP 02. 예상문제

What's your favorite film?

My favorite movie is Avengers because there are many heroes who save people. Like them, I want to be a helpful person to others.

□ 해석 ▶▶▶

당신이 가장 좋아하는 영화는 무엇입니까?
제가 가장 좋아하는 영화는 어벤져스인데 그 이유는 사람들을 구해주는 많은 영웅들이 나오기 때문입니다. 그들처럼, 저도 다른 사람들을 도와주는 사람이 되고 싶습니다.

How often do you watch films?

Twice a month because I'm too busy with work.

□ 해석 ▶▶▶

당신은 얼마나 자주 영화를 봅니까?
저는 일하느라 바쁘기 때문에 한 달에 두 번 봅니다.

Describe one of the most memorable scenes in movies.

The most memorable scene is the last scene of "Leon". When the main male character dies and the main female character feels the loss, she **plants a tree** which is one of the most valuable things to the male character, in the yard of the school. After she plants the tree, she says, "I think we will be OK here, Leon." I was moved by this scene.

□ 해석 ▶▶▶

영화에서 가장 감명 깊었던 장면들 중 하나를 설명하세요.
가장 감명 깊었던 장면은 레옹의 마지막 장면입니다. 주연 남배우가 죽을 때 그것을 주연 여배우가 느끼고, 남배우에게 가장 중요한 것들 중 하나였던 나무를 학교 뜰에 심습니다. 나무를 다 심고 나서 그녀는 "우리는 여기서 괜찮을 거예요, 레옹"이라고 말합니다. 저는 이 장면에 감동받았습니다.

□ 중요 표현 ▶▶▶

plant a tree 나무를 심다

GAMES

▪ STEP 01. 기출문제

Do you enjoy playing any games?

Yes, I sometimes enjoy playing chess with my family. It is good for us because we get to use our brains and planning strategy makes our brains stronger.

□ 해석 ▶▶▶

당신은 게임하는 것을 좋아합니까?
네, 저는 체스게임을 가족들과 종종 합니다. 이것은 우리에게 아주 좋습니다. 왜냐하면 우리는 체스의 전략을 만들기 위해 우리의 뇌를 써야 하고 이것은 우리의 뇌를 강하게 만들어 주기 때문입니다.

Do you think adults should play games?

Yes. If an adult can handle his schedule, then playing a game can relieve his stress.

□ 해석 ▶▶▶

당신 생각에, 어른들은 게임을 해야만 한다고 생각하나요?
네, 그렇습니다. 만약 어른이 자신의 스케줄을 잘 다룰 수만 있다면 게임 하는 것은 그의 스트레스를 해소시켜 줄 수 있기 때문입니다.

STEP 02. 예상문제

What do children learn from games?

They can learn competition, leadership and the spirit of teamwork. Also they can learn how to accept victory or defeat.

□ 해석 ▶▶▶

아이들은 게임으로부터 무엇을 배웁니까?
그들은 경쟁심과 리더십, 그리고 협동정신을 배울 수 있습니다. 또한, 그들은 승리와 패배를 받아들이는 방법을 배웁니다.

Do you think mental games like chess are good for you?

Yes, I think mental games like chess are good for me. We can stimulate our brains during the game. It makes our brains stronger. So can help us avoid mental conditions such as Alzheimer's. This is why I think mental games are good for me.

□ 해석 ▶▶▶

당신은 체스와 같은 정신적인 게임이 좋다고 생각합니까?
네, 저는 체스 같은 정신적인 게임이 좋다고 생각합니다. 우리는 게임을 하는 동안 우리의 뇌를 자극할 수 있습니다. 그것은 우리의 뇌를 더 강하게 합니다. 따라서 우리는 알츠하이머 같은 정신병을 예방할 수 있습니다. 이것이 제가 정신적인 게임이 좋다고 생각하는 이유입니다.

CHAPTER 01. 소개 및 전략

CHAPTER 02. 패턴 및 표현

CHAPTER 03. 하나의 그림 묘사하기

Part 4

그림 묘사 (Picture Description)

CHAPTER 01 소개 및 전략

소개

그림 묘사 문제는 시험관이 한 개의 그림이나 사진을 보여주고 응시자가 묘사하는 문제이다. 정확히 주어진 시간은 없지만 일반적으로 40초~1분 동안 설명을 하게 된다.
간단한 사물, 인물 또는 장소를 묘사할 수 있는 문제부터 시작하여 복잡한 구조로 이루어져 있는 문제까지 다양하게 출제된다.

SPA 시험에서 이 유형을 넣은 이유의 본질을 알고 간다면 훨씬 도움이 된다. SPA는 실무 중심형 영어 구술 능력 평가이기 때문에 실제 업무에서 일어날 수 있는 상황들이 출제된다. 따라서 영어로 회의를 갖거나 프레젠테이션을 할 때를 생각하고 답변한다면 아주 좋은 답변이 된다. 여러 사람들 앞에서 정확한 전달을 위해선 객관적인 묘사가 필요하며, 핵심을 짚어낸 설명이 좋다. 또한, 깔끔한 설명을 위해 논리적인 답변이 필요한데, 그러기 위해선 묘사의 패턴을 아는 것이 중요하다.

문제는 간단히 Describe this picture.(이 그림을 묘사하시오.) 또는 What is he/she doing?(그/그녀는 무엇을 하고 있는가?) 등의 특정 인물의 행동을 묻는 문제까지 여러 방면으로 출제되나, 보통 Describe this picture.(이 그림을 묘사하시오.)의 문제가 가장 많이 나온다. 따라서 응시자는 평소에 그림 전체를 논리적으로 설명하는 연습을 하는 것이 좋다.

전략

▶ 객관적인 묘사로 답변을 구성하라.

그림 묘사 문제의 핵심은 얼마나 객관적인 묘사로만 답변이 이루어졌는가 이다. 예를 들어, 여러 사람이 함께 물놀이를 하고 있는 그림의 경우, '그들이 행복해 보인다'는 응시자의 주관 보다 '몇 명의 사람이 물놀이를 하고 있다.'는 객관적 상황 묘사로 답변한다면 더 좋은 답변이 될 수 있다.

인물이나 사물의 위치, 형태, 색깔 등의 묘사로 답변을 구성해야 한다. 따라서 응시자들은 이러한 답변을 위한 필수 어휘를 숙지해 가야만 한다.

▶ 특징 짚어내기

주어진 시간 안에 답변을 모두 해야 할 때, 특히 중요한 점은 특징을 잘 짚어내는 능력이다. 그림 속 모든 부분을 세세하게 설명하게 되면 답변이 지루해 지고 시간이 모자랄 수 있다. 따라서 눈에 띄는 부분을 설명하는 것이 필요하다.

▶ 처음 설명엔 A를 사용하라.

처음 사물이나 인물을 지칭할 때, 시험관은 응시자가 어떤 것을 먼저 설명할지 모르는 상태에서 답변이 시작된다. 따라서 사물이나 인물을 언급할 때는 A를 앞에 붙여 설명한다. 예를 들어, '사진의 왼쪽의 한 남자'이라는 표현을 할 때, 'A man on the left of the picture'이라는 표현을 써야만 한다. 이 문장 이후에 그 남자를 다시 설명할 때는 'the man, he, his, him' 이라는 표현을 써도 된다.

▶ 논리적인 답변을 구성하라.

한 마디로 시험관이 응시자의 답변을 듣고, 그림을 똑같이 그려낼 수 있다면 정확한 묘사가 될 수 있다. 그렇기 때문에 객관적 묘사만큼이나 논리적 답변이 너무나 중요하다. 예를 들어, 왼쪽, 오른쪽 다시 왼쪽, 가운데의 구조로 설명하는 것보다, 왼쪽, 가운데, 오른쪽 방향대로 설명을 한다면 훨씬 이해하기도 쉽고 전달이 잘 된다. 따라서 응시자는 그림을 본 후, 1~2초 내에 설명의 방향 흐름을 정하는 것이 가장 중요하다.

대부분 왼쪽 방향에서 오른쪽 방향으로 설명하는 것이 일반적이나, 원근감이 느껴질 때는 앞쪽에서 시작하여 뒤쪽 방향으로 설명을 이어나가야 한다.

▶ 시제의 일치

그림 묘사는 현재 시제나 현재 진행 시제를 사용하여 답변을 구성한다. 중요한 점은 첫 문장부터 마지막 문장까지 시제를 일치시켜 주어야 한다는 점이다. 예를 들어, 현재 시제를 사용한 문장을 쓰다가 현재 진행형 시제를 사용한 문장을 사용한다면 문맥이 매끄럽지 않고 좋은 답변이 될 수 없다.

▶ **중요 어휘를 외워가라.**

실제로 발표하듯이 As you can see(당신이 보다시피), 또는 I can see(내가 보다시피) 등의 어휘를 사용하면 더 매끄럽고 실제 상황처럼 묘사될 수 있다. 따라서 적절한 시기에 이러한 표현들을 사용해야 한다.

CHAPTER 02 패턴 및 표현

패턴

Intro_ I will describe this picture.

Body 1_ On the left of this picture ~.

Body 2_ In the middle of this picture ~.

Body 3_ On the right of this picture ~.

Conclusion_ This is about my description of this picture.

논리적인 진행을 위해서 방향을 설정하여 말하는 것이 중요하다. 보통 사진의 왼쪽부터 시작하여 오른쪽 방향으로 흘러가도록 설명해준다. 하지만, 사물이 거리상으로 가까운 곳부터 먼 곳까지 있을 경우 보이는 순서대로 설명해 주는 것이 좋다.

일상생활에서는 'I will describe this picture.'(내가 이 사진을 설명하겠다.) 또는 'This is about my description of this picture.'(이것이 이 그림에 대한 나의 설명이다.)라는 말들을 사용하지 않으나, 프레젠테이션을 할 때를 생각하고 답변한다면 서론과 결론에 이러한 문장들을 사용하는 것이 더 논리적인 답변이라는 것을 알 수 있다. 또한 서론을 얘기하는 동안 다음 문장을 생각할 수 있는 시간을 벌 수 있기 때문에, 서론을 외워가는 것이 좋다.

표현

사진의 왼쪽_ On the right side of the picture

사진의 오른쪽_ On the right side of the picture

사진의 가운데_ In the middle of the picture

사진의 왼쪽 남자_ A man on the left

사진의 오른쪽 남자_ A man on the right

사진의 가운데 아이_ A kid in the middle

사진의 앞쪽_ In the foreground of the picture

사진의 뒤쪽_ In the background of the picture

사진의 앞쪽 빌딩_ A building in the foreground

사진의 뒤쪽 빌딩_ A building in the background

사진의 위쪽_ At the top of the picture

사진의 아래쪽_ At the bottom of the picture

사진의 위쪽 횃불_ A torch at the top of the picture

사진의 아래쪽 받침대_ A prop at the bottom of the picture

PART 04. 그림 묘사

CHAPTER 03
하나의 그림 묘사하기
(Picture Description-Basic)

▪ **STEP 01.** 기출문제

TYPE 01 기본형

Q Describe this picture

❗ MODEL ANSWER

▬ Beginner

There are three people in the middle of the picture. A man on the left *is looking somewhere*. He is wearing a *suit*. A man in the middle of the picture is standing. He *is wearing glasses*. A woman on the right is beautiful. This is my description of the picture.

☐ 해석 ▶▶▶

사진 가운데에는 세 명의 사람들이 있습니다. 왼쪽 남자는 어딘가를 보고 있습니다. 그는 정장을 입고 있습니다. 가운데 남자는 일어서 있습니다. 그는 안경을 쓰고 있습니다. 오른쪽의 여자는 아름답습니다. 이것이 이 그림에 대한 저의 설명입니다.

☐ 중요 표현 ▶▶▶

be looking somewhere 어딘가를 바라보고 있는 중이다
suit 정장
be wearing glasses 안경을 쓰고 있다

▬ Intermediate

There are three people in the middle of the picture. A man on the left is sitting on a chair and is wearing a black suit with a blue shirt. He is looking at the monitor. A man who is wearing a grey suit in the center *is* wearing glasses and *pointing at* a book. He is *the only person who is* standing in this picture. Also, *right next to* him, there is a woman who is a *brunette*. She is looking at the man in the center. A black laptop is on the black *curved table*.

☐ 해석 ▶▶▶

세 명의 사람들이 사진의 가운데에 있습니다. 왼쪽 남자는 앉아있고 검은색 정장과 파란색 셔츠를 입고 있습니다. 그는 모니터를 보고 있습니다. 그림 가운데에 회색 정장을 입은 남자는 안경을 쓰고 있고 책을 가리키고 있습니다. 그는 이 그림에서 유일하게 서 있는 사람입니다. 또한 그 남자 옆에, 갈색머리의 여자가 있습니다. 그녀는 가운데 남자를 보고 있습니다. 검은색 노트북은 검은색 곡선 테이블 위에 있습니다.

☐ 중요 표현 ▶▶▶

be pointing at ~를 손가락질하다 (짚어내다)
the only one who is ~ 오직 ~하는 사람이다
right next to 바로 옆
brunette 흙갈색 머리의 백인 여성
curved table 곡선형 테이블

Q Describe this picture

🔍 MODEL ANSWER

▬ Beginner

The building on the left has a prism shape with a slanted diamond-shaped roof. Its windows make it look like it has stripe going sideways. The middle building looks like solid rectangle with a mesh-like exterior. The building on the right is a very tall and thin square-based prism in shape. It seems that it has vertical grooves on each face of the building.

☐ 해석 ▶▶▶

왼쪽에 있는 건물은 경사진 다이아몬드 모양의 지붕이 있는 각기둥 모양입니다. 이 건물 창문은 마치 옆으로 빗금이 쳐진 것 같이 보이게 합니다. 가운데에 있는 건물은 그물망 같은 외부를 가진 직사각형 모양으로 생겼습니다. 오른쪽의 건물은 매우 높고 얇은 사각 기둥 형태입니다. 이 건물에는 각 면에 수직형태의 홈이 나있는 것으로 보입니다.

☐ 중요 표현 ▶▶▶

slanted 비스듬한, 기울어진
mesh-like 그물망 모양의

▬ Intermediate

The picture is of several skycrapers in a city. The trees in the bottom foreground hint of a park opposite the buildings. There is one tall glass skyscraper in the left corner of the background. All the buildings seem to glow with a gold color except for the rightmost tall building.

☐ 해석 ▶▶▶

이 사진에는 한 도시에 있는 여러 개의 고층건물이 있습니다. 아래쪽에 보이는 나무들은 건물들 맞은편에 공원이 있는 것을 암시합니다. 왼쪽 모퉁이에 유리로 된 큰 고층건물이 있습니다. 가장 오른쪽에 있는 큰 건물을 제외하고 모든 건물들이 금색으로 빛나 보입니다.

☐ 중요 표현 ▶▶▶

skyscraper 고층건물
foreground 전경
hint of ~ ~을 암시하다, ~의 징후가 되다

Follow-up Question [01~02]

01 Would you prefer to live in an apartment or in a villa?

당신은 아파트에서 살고 싶은가? 전원주택에서 살고 싶은가?

Beginner

I would prefer to live in a villa because apartments are too noisy and crowded. I also like to take the stairs, so if I live in an apartment, then I need to climb too many stairs every time. Another reason I would like to live in a villa, it is because that villas look much nicer than apartment buildings.

□ 해석 ▶▶▶

아파트는 너무 시끄럽고 붐비기 때문에 저는 전원주택에서 사는 것을 선호합니다. 또, 저는 계단으로 다니는 것을 좋아하는데, 아파트에 살면 항상 너무 많은 계단을 올라야 합니다. 제가 전원주택에 살고 싶은 또 다른 이유는 아파트 건물보다 전원주택이 훨씬 좋아 보이기 때문입니다.

□ 중요 표현 ▶▶▶

take the stairs 계산을 이용하다

Intermediate

I would prefer to live in a villa complex for several reasons. The first reason is that villa buildings look much more personal and warm than apartment buildings. Apartment buildings also look all the same, so it feels like there's no individuality. Another reason I prefer villas, is that fewer families live in the building. So there is less garbage, less noise, and fewer disagreements than if I were to live in an apartment building. Finally, the last reason I prefer villas, is that it is easier to grow plants in a villa complex than in an apartment building.

□ 해석 ▶▶▶

저는 몇 가지 이유로 전원주택에서 사는 것을 선호합니다. 첫 번째 이유는 아파트 건물보다 전원주택의 건물이 훨씬 인간적이고 따뜻해 보이기 때문입니다. 아파트 건물은 모두 똑같이 보여서 개성이 없는 것처럼 느껴집니다. 제가 전원주택을 선호하는 또 다른 이유는, 전원주택에 더 적은 가구가 살아서 쓰레기도 더 적게 나오기 때문입니다. 마지막 이유는 아파트보다 전원주택이 식물을 더 쉽게 키울 수 있기 때문입니다.

02 Describe your company.

당신의 회사를 묘사하시오.

Beginner

My company is in a 6-story rectangular building with horizontal windows. The walls are colored brown marble. However the ground floor exterior walls are colored black.

□ 해석 ▶▶▶

우리 회사 건물은 6층짜리 직사각형 모양에 수평으로 창문이 나있습니다. 벽은 갈색 대리석색으로 칠해져 있습니다. 하지만 1층 외부 벽은 검정색입니다.

Intermediate

My office building is a rectangle-based prism shape. It has 6 floors and the windows were installed in a horizontal direction. The exterior walls are mostly copper-rown marble color except for the ground floor wall which is covered with black marble.

□ 해석 ▶▶▶

우리 회사 건물은 사각기둥 모양입니다. 이 건물은 6층까지 있고 창문은 수평 방향으로 설치되어 있습니다. 외부 벽은 검정색 대리석 색으로 칠해져 있는 1층을 제외하고는 대부분 갈색 대리석 색입니다.

STEP 02. 예상문제

TYPE 01 기본형

Q Describe this picture

_____
_____
_____
_____
_____
_____
_____

🅀 MODEL ANSWER

▬▬ Beginner

There are **several** board markers and a board eraser in this picture. There is one red, blue, and black board marker. The board markers are **dry erase markers**. The board eraser is grey. It isn't new, **it looks used**. They will be used with a whiteboard.

□ 해석 ▶▶▶

사진에는 몇 개의 보드마카들과 지우개가 있습니다. 빨간색, 파란색 그리고 검은색의 마커가 있습니다. 마커들은 말라도 지워지는 마커들입니다. 보드 지우개는 회색입니다. 이것은 새것이 아니고 사용되어진 것처럼 보입니다. 이것들은 화이트보드를 위해 쓰일 것입니다.

□ 중요 표현 ▶▶▶

several 몇 몇 개의
dry erase marker 말라도 지워지는 마커
it looks used 사용된 것처럼 보인다(새것이 아니라는 얘기)

▬▬ Intermediate

There is a red, blue, and black marker just **casually tossed onto** the table along with the board eraser. The board eraser is not new but old and **used up**. This classroom **is lit by** some very bright white **fluorescent** lighting, and not by **natural light**. The class **hasn't started yet** because the desk and the eraser are still very clean.

□ 해석 ▶▶▶

사진에는 빨간색, 파란색 그리고 검은색 마커가 지우개와 함께 자연스럽게 테이블 위에 던져져 있습니다. 보드 지우개는 새것이 아니고 이미 사용된 것입니다. 이 교실은 자연광이 아닌 굉장히 밝은 형광등에 의해 비춰지고 있습니다. 수업은 아직 시작되지 않았습니다. 왜냐하면 책상과 지우개는 아직도 매우 깨끗하기 때문입니다.

□ 중요 표현 ▶▶▶

casually tossed onto 자연스럽게 던져져 있다
used up 사용되어졌다
is lit by ~로 비춰지다
fluorescent 형광성의
natural light 자연광
hasn't started yet 아직 시작되지 않았다.

Q Describe this picture

MODEL ANSWER

Beginner

There is a spoon, fork, and a cup in this picture. The fork is purple and the spoon is blue. The cup is green and small. They are all **made from plastic**. The spoon and the fork **are facing the same direction**. The cup **was placed** near the wall. The spoon is in the middle. The fork is **furthest from** the wall.

□ 해석 ▶▶▶

사진에는 숟가락, 포크 그리고 컵이 있습니다. 포크는 보라색이고 숟가락은 파란색입니다. 컵은 초록색이며 작습니다. 이것들은 플라스틱으로 만들어졌습니다. 숟가락과 포크는 같은 방향을 보고 있습니다. 컵은 벽 가까이에 배치되어 있습니다. 숟가락은 가운데에 있습니다. 포크는 벽에서 가장 멀리 떨어져 있습니다.

□ 중요 표현 ▶▶▶

made from plastic 플라스틱으로 만들어지다.
are facing the same direction 같은 방향을 향하고 있다.
was placed 배치되어 있다.
furthest from ~에서부터 가장 먼

Intermediate

This picture is of some plastic **cutlery** and a cup. The fork is purple and the spoon is blue. They are both a bit **elongated**. The plastic cup has a lime-green color and is **quite small**. The cup was placed **closest** to the wall. The fork was placed furthest from the wall, and the spoon was placed in the middle. The spoon and the fork are facing the same direction and are **spaced apart**.

□ 해석 ▶▶▶

이 사진은 식탁용 날붙이류(포크와 숟가락)와 컵에 대한 사진입니다. 포크는 보라색이고 숟가락은 파란색입니다. 그것들은 가늘고 깁니다. 플라스틱 컵은 라임-초록색이고 꽤 작습니다. 이 컵은 벽에서 가장 가까이에 있습니다. 포크는 벽에서 가장 멀리 떨어져 있으며, 숟가락은 가운데에 배치되어 있습니다. 숟가락과 포크는 같은 방향을 보고 있고 떨어져 있습니다.

□ 중요 표현 ▶▶▶

cutlery 식탁용 날붙이류(포크, 숟가락, 나이프 등)
elongate 가늘고 긴
quite small 꽤 작은
closest 가장 가까운
space apart 떨어져 있다.

PART 04. 그림 묘사

Q Describe this picture

🔍 MODEL ANSWER

Beginner

There is **a pair of glasses**, a camera, and a baseball in this picture. The pair of glasses and the camera are both **black in color**. The baseball is old and is signed. The glasses and the camera are **pointing towards the left**. The camera is **just a little bit** bigger than the baseball. The pair of glasses is **the largest item** in this picture.

□ 해석 ▶▶▶

사진에는 안경, 카메라 그리고 야구공이 있습니다. 안경과 카메라는 검은색입니다. 야구공은 낡았고 싸인이 있습니다. 안경과 카메라는 왼쪽을 향해 있습니다. 카메라는 야구공보다 살짝 큽니다. 안경은 사진에서 가장 큰 사물입니다.

□ 중요 표현 ▶▶▶

a pair of glasses 안경
black in color 검은색의
point toward the left 왼쪽을 향해 있다.
just a little bit 아주 약간
the largest item 가장 큰 아이템(사물)

Intermediate

There are three **random items** placed in this picture. One is a pair of glasses with a **dark-colored frame**. Another is a small, black **point-and-shoot** camera. The last item **is** a **worn-out autographed** baseball. The glasses and the camera are facing towards the left side of the picture. The camera and the baseball are **similar in size**. These are all **portable objects**. They have all been placed **adjacent** to the wall.

□ 해석 ▶▶▶

사진에는 세 개의 무작위 사물들이 배치되어 있습니다. (그 중) 하나는 짙은 색의 본체를 가진 안경입니다. 다른 것은 작고 검은색의 디카가 있습니다. 마지막 사물은 싸인이 있는 낡은 야구공입니다. 안경과 카메라는 사진의 왼쪽을 향해 있습니다. 카메라와 야구공은 비슷한 크기입니다. 이것들은 휴대용 제품들입니다. 모든 사물들은 벽과 인접해 있습니다.

□ 중요 표현 ▶▶▶

random items 무작위의 제품(사물, 아이템)들
dark-colored frame 짙은 색의 본체
point-and-shoot 디카
is worn-out (오래 되서) 낡다, 헤지다
autograph 싸인
similar in size 크기가 비슷하다
portable object 휴대가 편리한 사물
adjacent 인접한, 가까운

TYPE 02 복합형

Q Describe this picture

🛈 MODEL ANSWER

Beginner

There are two laptops in this picture. There are some notebooks, a notepad, and some post-its on the table. There are also two white bowls and a mug. Next to the mug is a smartphone.

□ 해석 ▶▶▶

이 사진에는 두 대의 랩탑이 있습니다. 테이블 위에는 공책 몇 권과 한 권의 노트패드, 그리고 포스트잇 몇 개가 있습니다. 또한 두 개의 흰색 그릇과 한 개의 머그잔도 있습니다. 머그잔 옆에는 스마트폰이 있습니다.

Intermediate

There are two silver laptops in this picture. One of them is connected with one black and one white USB cable. There is one yellow notepad, one black notebook, and two blue notebooks in the picture. There are some yellow and blue post-its on top of one of the blue notebooks. There are two white bowls and one white mug in the background. Several black and blue markers are held together by a rubber band. Finally, there is a black smartphone next to one of the laptops.

□ 해석 ▶▶▶

이 사진에는 두 개의 은색 랩탑이 있습니다. 그 중 한 개는 검정색과 흰색의 USB 선과 연결되어 있습니다. 사진에는 노란색 노트패드 한 개와 검정색 공책 한 권, 그리고 두 개의 파란색 공책들이 있습니다. 파란색 공책 중 한 권의 위에는 노란색과 파란색 포스트잇이 있습니다. 두 개의 흰색 그릇과 흰색 머그잔 한 개도 배경으로 보입니다. 한 개의 검정색 마커펜과 여러 개의 파란색 마커펜이 고무 밴드로 함께 묶여 있습니다. 마지막으로, 랩탑 중 한 개의 옆에는 검정색 스마트폰이 있습니다.

Follow-up Question [01~02]

01 Where you do prefer to study at? Your home, library, or café? Why?

당신은 집, 도서관, 카페 중 어디에서 공부하는 것을 좋아하는가? 이유는?

▬ Beginner

I prefer to study at the library because it's very quiet and there are no distractions like at home or at a café. Also, people who come to libraries, come either to read books or to study.

□ 해석 ▶▶▶

저는 도서관이 더 조용하고 집이나 카페에서처럼 집중을 방해하는 것들이 없기 때문에 도서관에서 공부하는 것을 선호합니다. 또한, 도서관에 오는 사람들은 책을 읽거나 공부를 하기 위해 옵니다.

▬ Intermediate

I prefer to study at a library because the atmosphere encourages learning. It is the quietest place, and everyone at a library is either reading a book or studying. Also, there are no distractions like in your house, or at a noisy café.

□ 해석 ▶▶▶

저는 도서관이 공부를 장려하는 분위기이기 때문에 그곳에서 공부하는 것이 더 좋습니다. 도서관은 가장 조용한 장소이고, 도서관의 모든 사람들은 책을 읽거나 공부를 하기 위해 있습니다. 또한, 도서관에는 집이나 시끄러운 카페처럼 집중을 방해하는 요소들이 없습니다.

02 Do you prefer to study with books or with the computer? Why?

당신은 책으로 공부하는 것이 좋은가? 아니면 컴퓨터로 공부하는 것이 좋은가? 이유는?

Beginner

I prefer to study with books because it is easier to stay focused. If you use a computer, there are so many distractions, so you won't be able to stay focused. Also I don't need to search for an outlet when I'm studying with books.

□ 해석 ▶▶▶

저는 책으로 공부하는 것이 집중하기 더 쉽기 때문에 그것을 선호합니다. 컴퓨터를 사용하면 컴퓨터에는 집중을 방해할 요소들이 너무 많기 때문에 집중할 수가 없습니다. 또, 책으로 공부할 때는 콘센트 꽂을 곳을 찾을 필요가 없습니다.

Intermediate

I prefer to study with books because books do not have things that can distract you like an office laptop. Also the only thing you need when you have books is just a place to sit down which is sufficiently lit. With laptops, you need to find an outlet for your battery, and a dark room so your screen is bright. As such it is much simpler to study with books.

□ 해석 ▶▶▶

책에는 사무실 랩탑처럼 집중을 방해할 수 있는 것이 없기 때문에 저는 책으로 공부하는 것을 더 좋아합니다. 또, 책으로 공부할 때 유일하게 필요한 것은 충분한 빛이 있는, 앉을 수 있는 장소입니다. 랩탑으로 공부할 때는 배터리를 위한 콘센트도 찾아야 하고 화면이 밝기 때문에 방도 어두워야 합니다. 이러한 이유로, 책으로 공부하는 것이 훨씬 간단합니다.

Q Describe this picture

🛈 MODEL ANSWER

▬ Beginner

In this picture, a man is racing his dogsled. There are seven dogs attached to the sled. His number is 78.

□ 해석 ▶▶▶

이 그림에서 한 남자가 개썰매를 타고 있습니다. 7마리의 개들이 썰매에 연결되어 있습니다. 그 남자의 번호는 78입니다.

▬ Intermediate

This picture depicts a man participating in a dogsled race. His sled is drawn by seven Huskies. Except for one dog, all others have a black and white coat. One husky has a light brown and white coat. The man's entry number is 78.

□ 해석 ▶▶▶

한 남자가 개썰매를 타고 있는 것을 보여주는 그림입니다. 그의 썰매는 7마리의 시베리안 허스키에 의해 움직입니다. 한 마리의 개를 빼고는 나머지 개들은 검은색과 하얀색의 털이 났습니다. 한 허스키는 밝은 갈색과 하얀색 털을 갖고 있습니다. 그 남자의 참가 번호는 78입니다.

Follow-up Question [01~02]

01 Which do you like the best? Sledding, skiing, or snowboarding?

당신은 썰매, 스키, 스노보드 중에 무엇을 가장 좋아하는가? 이유는?

Beginner

I like snowboarding the best because it is the most thrilling of the three. You can do more stunts on the snowboard than on skis.

□ 해석 ▶▶▶

저는 스노보드를 가장 좋아합니다. 왜냐하면 이것은 세 개 중에 가장 스릴 있기 때문입니다. 당신은 스키 탈 때 보다 스노보드 탈 때 더 많은 묘기를 부릴 수 있습니다.

Intermediate

I love snowboarding because I found it to be more thrilling and exhilarating than the other two sports, skiing and sledding. You can do more stunts as well. I also think that I prefer snowboarding because I have tried windsurfing before, and both are very similar.

□ 해석 ▶▶▶

저는 스노보드를 가장 좋아합니다. 왜냐하면 이것은 다른 스키나 썰매보다 더 스릴 있고 아주 신납니다. 또한 당신은 더 많은 묘기를 할 수 있습니다. 그리고 제 생각에 저는 예전에 스노보드와 아주 비슷한 윈드서핑을 한 적이 있기 때문에 이것을 더 선호합니다.

02 What is your opinion on animal testing?

당신은 동물 실험에 대해서 어떻게 생각하는가?

Beginner

Being cruel to animals is wrong, but if you test something on an animals, and that research helps save other humans, then I think it's okay. After all, it's better to test on animals than on humans. Still, we shouldn't be cruel to animals, even laboratory test animals.

□ 해석 ▶▶▶

동물에게 잔혹하게 하는 것은 잘못된 일이지만 만약 동물 실험이 사람들의 목숨을 구하는 데에 쓰인다면 이것은 괜찮다고 생각합니다. 결론적으로, 나는 사람에게 테스트하는 것보다 동물에게 테스트 하는 것이 더 낫다고 생각합니다. 여전히 우리는 동물들에게, 심지어 연구실에서 동물실험을 할 때에도 잔혹하게 굴면 안됩니다.

Intermediate

I see animal testing as a necessary evil. Some testing can be dangerous to experiment on human beings, so if researchers can perform the same experiment on laboratory animals, then that is better than putting a person at risk. However I do agree that even if the animals end up dying, we should still treat them humanely and not be cruel to them.

해석 ▶▶▶

저는 동물실험은 필요악이라고 생각합니다. 몇몇의 테스트는 사람에게 실험할 경우 위험할 수 있기 때문에 사람을 위험에 빠뜨리는 것보다는 연구원들이 실험동물에게 실험하는 것이 낫습니다. 하지만 저는 그 동물들이 결국에는 죽는다고 해도 우리는 여전히 그들을 사람처럼 대우해주고 잔인하게 굴지 말아야 한다는 것에 동의합니다.

Q Describe this picture

Beginner

The picture is of the Statue of Liberty. The statue is holding a torch high with her right arm. She is wearing a crown and a toga. On her left arm, she is holding a tablet. The statue is on top of a grey stone pedestal.

□ 해석 ▶▶▶

이 사진은 자유의 여신상입니다. 자유의 여신상은 오른손에 횃불을 들고 있습니다. 그녀는 왕관과 토가(로마 시대의 헐렁한 옷)를 입고 있습니다. 그녀의 왼쪽 손엔 태블릿을 들고 있습니다. 이것은 회색의 받침대 위에 있습니다.

Intermediate

This picture is a photograph of the Statue of Liberty in New York City. The statue is holding a torch with her raised right arm. The torch has a golden flame on it. The statue is also wearing a crown with seven beams of light coming out. She is holding a large tablet with her left arm. The statue is generally a light green color. It is standing on top of a grey rock pedestal.

□ 해석 ▶▶▶

이 사진은 뉴욕에 있는 자유의 여신상에 대한 사진입니다. 높이 들여 올려진 오른손에는 횃불이 들려 있습니다. 그 횃불의 위쪽엔 금색의 불꽃이 있습니다. 이 여신상은 7개의 불빛이 나오는 왕관을 쓰고 있습니다. 그녀는 큰 태블릿을 그녀의 왼쪽 팔에 들고 있습니다. 이 여신상은 전체적으로 초록색입니다. 이것은 회색의 돌 받침대 위에 올려져 있습니다.

Follow-up Question [01~02]

01 Have you ever seen the Statue of Liberty?

당신은 자유의 여신상을 본 적이 있는가?

Beginner

Yes I have. I was driving to a neighborhood in New York City and the road passed right by the Statue of Liberty.

□ 해석 ▶▶▶

네, 본 적 있습니다. 제가 뉴욕에 있는 이웃집에 운전하며 가고 있는데 그 길이 자유의 여신상을 지나갔습니다.

Intermediate

Yes I have seen the Statue of Liberty as I drove past it on the highway. It was actually smaller than I expected from all the movies and pictures I had seen that had the Statue of Liberty.

□ 해석 ▶▶▶

네, 저는 자유의 여신상을 고속도로를 지날 때 보았습니다. 이것은 제가 영화에서나 그림에서 보았을 때 기대했던 것보다 작았습니다.

02 Describe any architectural or landmark from your own country which is similar to the Statue of Liberty.

당신 나라에서 자유의 여신상과 비슷한 건축물을 얘기해 보시오.

Beginner

Korea has a statue similar to the Statue of Liberty. It is King Sejong's statue. He is the founder of Hangeul, the Korean alphabet. His statue is also made from copper. However, he is sitting on his throne chair. The throne chair is on top of a grey marble pedestal. And in front of the pedestal are sculptures of some of the most important inventions made during his time.

□ 해석 ▶▶▶

한국은 자유의 여신상과 비슷한 건축물을 가지고 있습니다. 이것은 세종대왕 동상입니다. 그는 한글의 창조자입니다. 그의 동상은 또한 구리로 만들어졌습니다. 하지만, 그는 그의 왕좌에 앉아있습니다. 그 왕좌는 회색의 대리석 받침대 위에 있습니다. 또한 받침대 앞에는 그의 재위 기간 동안 가장 중요한 발명품들이 있습니다.

Intermediate

Like the Statue of Liberty, Korea also has a statue which is much loved and cherished in Seoul. It is the statue of King Sejong in Gwanhwamun. King Sejong's most important accomplishment is the creation of the Korean alphabet, Hangeul. The statue has King Sejong seated on his royal throne chair with his right arm outstretched, and the other holding an open book. The statue is made of bronze and sits on top of a white-grey stone pedestal. Finally, several sculptures of the most significant inventions made during his reign are placed in front of the pedestal.

□ 해석 ▶▶▶

자유의 여신상과 같이, 한국에는 서울에 많이 사랑받고 소중히 다뤄지는 건축물이 있습니다. 그것은 광화문에 있는 세종대왕 동상입니다. 세종대왕의 가장 중요한 업적은 한글을 창조한 것입니다. 세종대왕은 왕좌에 앉아있고 오른팔은 팔걸이에 걸쳐놓았으며 왼팔은 책을 편 채로 들고 있습니다. 이 동상은 동으로 만들어졌고 밝은 회색의 돌 받침대 위에 앉아있습니다. 마지막으로, 받침대 앞에는 그의 재위 기간 동안 발명된 여러 개의 가장 중요한 발명품들이 있습니다.

CHAPTER 01. 소개 및 전략

CHAPTER 02. 패턴 및 표현

하나의 그림 보여 주고 팔기
(Picture Description-Selling)

CHAPTER 01 소개 및 전략

소개

Picture Description(그림 묘사) 문제 중에서 가장 높은 난이도의 문제이다. 문제는 그림이나 사진을 보여주고 Please sell this product.(이 제품을 팔아보세요.)와 같이 그 안에 있는 제품을 팔아보라는 형식으로 출제된다. 가장 높은 난이도인 이유는 객관적인 그림 묘사뿐만 아니라 매장직원이나 영업사원처럼 연기까지 해야 되기 때문이다.

딱딱한 시험장 안에서 실제로 물건을 팔듯이 연기하는 것은 쉽지 않은 일이나, 패턴과 필수 어휘를 익혀간다면 어렵지 않게 풀 수 있는 유형이다.
더욱이 이 유형의 문제를 접하게 됐다는 것 자체가 자신이 그 동안 답변을 잘 했고, 시험관이 응시자의 영어 구사 능력을 높게 보았다는 것과 마찬가지이므로 긍정적으로 생각하고 더 자신감 있게 대답하는 것이 좋다.

그림묘사 문제에서 파생된 문제인 만큼 객관적인 묘사를 처음으로 설명하는 것이 중요하다. 또한, 매장직원이나 영업사원처럼 밝게 웃으며 행동하는 것이 중요하다.

전략

▶ **패턴을 외우자!**

물건 팔기에서 핵심은 패턴이다. 특히 서론과 결론 부분에서 영업사원이 실제로 쓸 수 있는 어휘와 문장들을 외워간다면 답변하기 수월해진다. 또한, 가장 중요한 객관적 묘사 부분은 그림묘사에서 배운 대로 얘기해 주면 된다.

▶ **패턴의 순서가 중요하다!**

패턴에서 보면 인사말과 함께 본론 1에서 그림묘사가 나오는 것을 볼 수 있다. 그림묘사 문제에서 파생된 문제인 만큼 연기하는 것보다 중요한 것은 정확한 그림묘사이다. 따라서 객관적 묘사를 먼저 해 준 뒤, 자신의 의견과 이벤트 또는 할인 등으로 물건을 파는 방식으로 생각하는 것이 가장 좋다.

▶ **풍부한 형용사를 사용하라.**

풍부한 형용사가 뜻하는 것은 그만큼 제품을 잘 꾸몄다는 말이다. 예를 들어 그냥 strawberry (딸기)가 아닌 fresh strawberry(싱싱한 딸기)와 같이 제품을 꾸며주는 표현들을 익혀가야 한다. 특히 제품을 팔기 위해서는 좋은 점을 부각시켜야 하므로 긍정적인 어휘를 암기해야 하는 것이 중요하다.

CHAPTER 02

패턴 및 표현

Pattern

Intro_ Hello, everyone. I'm here today to introduce this amazing [product] to you.

Body 1_ As you can see, this [product] is _____(Picture Description) _____.

Body 2_ Also, this [product] is not only delicious but also healthy. (opinion)

Body 3_ If you buy this now, you can receive a 30% discount. (promotion)

Conclusion_ Thank you for your time and don't miss this great chance!

STEP 01. 기출문제

Q Sell this cake.

Hello, everyone. Let me introduce this amazing cake to you.
As you can see, this cake is covered with sweet chocolate, whipped cream, and many fresh strawberries on top.
Not only is it very delicious but also very healthy because it was baked using only organic ingredients. If you buy this amazing cake now, you can also receive a 30% discount!
Trust me, you don't want to miss this chance!

□ 해석 ▶▶▶

안녕하십니까 여러분. 제가 이 놀라운 케이크에 대해 소개해드리겠습니다.
보시다시피, 이 케이크는 달콤한 초콜릿과 휘핑크림으로 덮여 있고 위에는 신선한 딸기들이 있습니다.
매우 맛있을 뿐만 아니라 유기농 재료만 사용했기 때문에 건강에도 매우 좋습니다. 만약 지금 이 놀라운 케이크를 사신다면 30% 할인도 받으실 수 있습니다!
이 기회를 놓치고 싶지 않으실 겁니다!

□ 중요 표현 ▶▶▶

be covered with ~ ~으로 뒤덮인

Q Sell this eye pad.

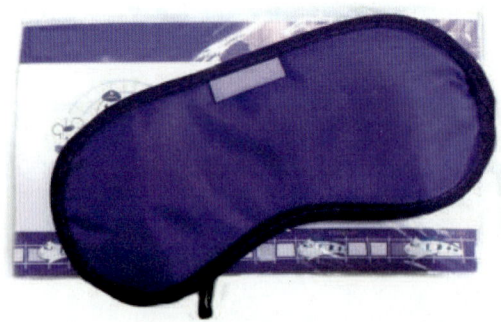

Are you feel tired during the day because you weren't able to get a good night's sleep? Are the lights coming from the street outside your window, so bright you can't fall asleep like everyone else? Is light still seeping in even though your curtains drawn? Even when your eyes are closed? Then try using our eye pad! This product has been assembled to be light, very comfortable, hygienic, but most importantly, coated with this reflective material designed to block all light from getting through to your eyelids. You will experience complete darkness once you put on this eye pad, and because of the high quality of the materials used, you won't feel any discomfort or inconvenience from wearing this all through the night! Act now, and if you do, you will also be able to benefit from a 30% discount! You won't regret it!

☐ 해석 ▶▶▶

밤에 숙면을 취하지 못했기 때문에 낮에 피곤하십니까? 창 밖에서 들어오는 도시의 불빛들이 너무 밝아서 다른 사람들처럼 잠에 들지 못하십니까? 커튼을 쳐도 여전히 불빛들은 스며 들어 옵니까? 당신이 눈을 감아도요? 그렇다면 우리의 아이패드를 사용해보십시오! 이 제품은 가볍고 매우 편하며 위생적이지만, 가장 중요한 것은 이 제품은 당신의 눈꺼풀을 통과하는 모든 빛을 차단하도록 빛을 반사하는 재질로 싸여 있습니다. 당신은 이 아이패드를 한 번만 착용해 보신다면 완전한 암흑을 경험할 수 있고, 고품질의 재질을 사용했기 때문에 밤새 착용하고 있어도 어떠한 불편함을 느끼지 못하실 겁니다! 지금 사세요, 그러신다면 30% 할인의 이익을 보실 수 있습니다! 후회하지 않으실 겁니다!

☐ 중요 표현 ▶▶▶

get a sleep 한숨 자다
fall asleep 잠들다
designed to ~ ~하도록 고안되다

Q Sell this bed.

Do you wake up not really feeling refreshed, or with a sore back? Perhaps it's time to change your bed! Many doctors have pointed out that a correct lying posture can help reset our spines when we are resting. A well-rested back also means a well-rested body and mind. Our beds are built so as to maximize comfort and correct posture while we are sleeping. There is no value that can be added to a good night's sleep, but it will certainly be much more economic than having to go to a chiropractor on a regular basis! Order now and we will throw in an additional 30% incentive discount! Remember, your back is worth it. Your health is worth it.

□ 해석 ▶▶▶

잠에서 일어났을 때 별로 상쾌하지 못하거나 허리가 아프십니까? 이제 아마 당신의 침대를 바꿔야 할 때 입니다! 많은 의사들이 올바르게 눕는 자세가 우리가 휴식을 취할 때 척추를 교정하는데 도움을 준다고 말합니다. 편안한 허리는 몸과 마음도 편한 것을 의미합니다. 우리의 침대는 최대의 편안함을 최대화하고 자는 동안 자세를 교정하기 위해 만들어졌습니다. 숙면에 값을 매길 수는 없지만, 이것이 정기적으로 척추 지압사에게 가는 것보다는 훨씬 경제적일 것 입니다! 지금 주문하시면 30% 추가 할인을 받으실 수 있습니다! 명심하세요, 당신의 허리는 그만한 가치가 있습니다. 당신의 건강도 그만한 가치가 있습니다.

□ 중요 표현 ▶▶▶

point out ~ ~을 지적하다, 언급하다
be added to ~ ~에 추가되다
on a regular basis 정기적으로
worth it 그만한 가치가 있다.

Q Sell this key ring.

Now for a limited time, bubblehead keychains for you and your loved ones! This cute figurine head bounces back and forth as if filled with joy and enthusiasm. And who doesn't know how infectious a smile can be! Let this keychain bring you fortune and good joy throughout the day! And if you order now, you can get this cute keepsake with 30% off the retail price! Also available in many other colors! Order now!

□ 해석 ▶▶▶

지금부터 제한된 시간 동안만 당신과 당신이 사랑하는 사람들을 위한 흔들머리 열쇠고리를 팝니다! 이 귀여운 조각 머리는 기쁨과 열정으로 가득 차 있는 것처럼 왔다갔다 움직입니다. 그리고 웃음의 전염성을 모르시는 분은 안 계시겠죠! 이 열쇠고리는 당신에게 온종일 행운과 기쁨을 가져다 줄 것 입니다! 그리고 지금 주문하시면, 이 귀여운 기념품을 각각 30% 할인된 가격으로 사실 수 있습니다! 다른 색상도 많이 있습니다! 지금 주문하세요!

□ 중요 표현 ▶▶▶

for a limited time 제한된 시간 동안
back and forth 왔다갔다
filled with~ ~으로 가득 차다

STEP 02. 예상문제

Q Sell this camera.

Beginner

Hello everyone. I would like to introduce this amazing DSLR camera. As you can see, this camera comes in a very sturdy black case with grips to help you grab the camera more securely. It also comes bundled with a zoom lens. If you order this camera today, we will include some lens cleaners and additional batteries at no extra charge. So don't fret it! The investment is sound and you won't regret it!

□ 해석 ▶▶▶

안녕하세요, 여러분. 이 놀라운 DSLR 카메라를 소개해드리겠습니다. 보시다시피, 이 카메라에는 이것을 좀 더 안전하게 잡을 수 있는 손잡이가 있는 매우 견고한 검정색 케이스가 있습니다. 이것은 또한 겹겹의 줌 렌즈도 있습니다. 오늘 이 카메라를 주문하시면, 추가 비용 없이 렌즈 클리너와 추가 배터리를 포함해서 드리겠습니다. 그러니 망설이지 마세요! 괜찮은 투자이고 후회하지 않으실 겁니다!

□ 중요 표현 ▶▶▶

as you can see 보시는 바와 같이
sturdy 견고한, 단단한
bundle 묶음, 꾸러미
extra charge 할증요금

Intermediate

Welcome to our show audience. Today we have an exciting new DSLR to show you. It is a new compact DSLR that comes in this sturdy black-colored smooth body. But you'll notice the handle pad is rough to add more grip to help you hold the camera better. It also has the largest in-body flash in the market. And if you call right now, you can upgrade to our lens bundle at no additional charge. Do not miss on this great opportunity to buy this amazing little DSLR! Act now!

해석 ▶▶▶

우리 쇼에 오신 것을 환영합니다. 오늘 우리는 흥미진진한 새로운 DSLR을 보여드릴 겁니다. 이것은 견고한 검정색 부드러운 몸체를 가진 새로운 소형 DSLR 입니다. 하지만 당신이 카메라를 잡을 때 더 잘 잡을 수 있도록 손잡이 패드가 거칠다는 것을 보셨을 겁니다. 이것은 시장에서 가장 큰 in-body 플래시도 가지고 있습니다. 지금 전화하시면 추가 비용 없이 렌즈를 업그레이드해드리겠습니다. 이렇게 놀라운 조그마한 DSLR을 살 수 있는 좋은 기회를 놓치지 마세요! 지금 주문하세요!

Q Sell this chair.

▬ Beginner

Good afternoon audience. I'm excited because I will introduce to you an **exquisite** piece of furniture. It is this beautiful antique rocking chair. Notice the **handiwork** on the beautiful embroidery on the seat cushion and backrest. And what makes this item truly unique is its design of the armrest. Instead of one solid piece, it is this connected string of wooden spheres. If you act now, we will also include some period cushions and quilts to match your chair. Thanks again for joining us! Happy shopping!

□ 해석 ▶▶▶

안녕하세요, 여러분. 여러분들께 이 아름다운 가구를 소개할 생각에 흥분됩니다. 이것은 아름다운 골동 흔들의자입니다. 시트 쿠션과 등받이에 아름다운 자수가 놓아져 있는 것을 보실 수 있습니다. 그리고 이 물건을 정말로 유일하게 만들어 주는 것은 팔걸이의 디자인입니다. 한 개의 조각 대신에, 나무로 진주를 실에 엮은 모양을 만들었습니다. 만약 지금 주문하시면, 의자에 맞는 그 시대 쿠션과 담요도 함께 드립니다. 함께해 주셔서 감사합니다! 행복한 쇼핑하세요!

□ 중요 표현 ▶▶▶

exquisite 매우 아름다운, 정교한
handiwork 수공품

Intermediate

Good afternoon audience. Boy am I excited about today's show. We have an amazing period piece to show you. It is this Late Victorian-Elizabethan rocking chair. As you can see clearly, the item is in pristine condition with no signs of wear anywhere. Instead of armrests, it has this wooden string of pearls configuration. Pay attention to the detail of the beautiful intricate embroidery design of the cushions. You will look so knowledgeable reading your novel on this rocking chair. If you order now, we will also include three classics of literature of your choice. So act now! Order by calling our number shown below. And thank you again for watching.

□ 해석 ▶▶▶

안녕하세요. 오늘 쇼 때문에 매우 흥분됩니다. 당신께 보여드릴 고전 양식의 물건이 있습니다. 이것은 후기 Victorian-Elizabethan 시대의 흔들의자입니다. 분명하게 볼 수 있듯이, 어디에도 마모된 흔적 없이 아주 깨끗한 상태의 물건입니다. 팔걸이 대신에, 나무로 된 실에 엮인 진주 모양의 장식이 있습니다. 쿠션에 디자인되어 있는 아름다운 자수들의 정교함을 주의 깊게 보십시오. 이 흔들의자에서 소설을 읽으면 매우 지적이게 보일 것입니다. 지금 주문하시면, 당신이 선택하는 3권의 고전 문학집을 함께 드리겠습니다. 지금 주문하세요! 밑에 나오는 전화번호로 주문하시면 됩니다. 다시 한 번 시청해주셔서 감사합니다.

□ 중요 표현 ▶▶▶

pristine 완전 새 것 같은
pay attention to ~ ~에 유의하다
intricate 복잡한

Q Sell this shoes

▬ Beginner

Hello ladies. You're in for a surprise! I have this gorgeous pair of shoes to show you. And here it is. This is a beautiful, gold-sparkle, open-toes high heels from Midas Couture. Once you put this on, not only will it make you stand out wherever you go, regardless of whatever dress you may be wearing, but it surprisingly also very comfortable. You'll feel like you'll be able to walk a marathon in these heels. And if you order this right now, we will also include a beautiful pair of mint-colored pumps at no additional charge! So don't wait. Call now and place your order. Thank you for watching our show.

□ 해석 ▶▶▶

안녕하세요, 숙녀분들. 깜짝 코너입니다! 여러분께 보여드릴 멋진 신발이 있습니다. 그리고 이것 보세요. 이것은 아름다운 금색으로 빛나는 Midas Couture에서 출시된 오픈토 하이힐 입니다. 한 번 이 제품을 신으면 당신이 어느 곳을 가든, 무슨 옷을 입든 당신을 돋보이게 해줄 뿐만 놀라울 정도로 편할 것 입니다. 이 힐을 신고 마라톤도 할 수 있는 기분일겁니다. 지금 주문하시면 추가 비용 없이 아름다운 민트색 펌프스도 함께 드립니다. 그러니 지체하지 마세요. 지금 전화해서 주문하세요. 시청해 주셔서 감사합니다.

□ 중요 표현 ▶▶▶

stand out 두드러지다

Intermediate

Good evening ladies. I have something that you have been **looking for** a long time. It's the Midas Gold high heels. As you can see, this stunning Midas high heel comes in this **eye-catching** gold sparkle, glossy coat. Not only will this pair make a fine fashion point to any evening dress you may have, but once you wear it, you'll **be surprised at** how comfortable it feels. Your feet will be so relaxed that you'll feel like you're walking on feathers. And if you place an order now, we will add this beautiful matching gold clutch, a $200 value, completely free. So act now ladies. You don't need to worry about this one. Your feet will thank you.

□ 해석 ▶▶▶

안녕하세요 숙녀분들. 여러분들이 오랫동안 찾던 제품을 가져왔습니다. Midas Gold 하이힐 입니다. 보시다시피, 이 아름다운 Midas 하이힐은 눈을 사로잡는 금색으로 빛납니다. 당신이 어떤 이브닝 드레스를 입든 이 힐은 좋은 패션 포인트가 될 뿐만 아니라, 이것을 한 번 신으면 편안함에 깜짝 놀라실 겁니다. 당신의 발은 너무 편안해서 마치 깃털 위를 걷고 있는 느낌일 것 입니다. 지금 주문하시면, 200달러 가치의 아름답게 매치되는 금색 클러치를 완전 무료로 함께 드리겠습니다. 그러니 지금 주문하세요. 이 제품에 대해서는 걱정할 필요가 없습니다. 당신 발이 고마워 할 겁니다.

□ 중요 표현 ▶▶▶

looking for ~ ~을 찾다
eye-catching 눈길을 끄는
be surprised at ~ ~에 놀라다

Q Sell this car

Beginner

Thank you for visiting Bob's Amazing Car Deals. On today's show, we will present a completely restored Shelby Cobra Convertible. Pay close attention to how much care and attention was given to each tiny detail to make this car **as** perfect **as possible**. The body has also been given an **immaculate** candy red glossy finish so shiny you could use it as a mirror. Guaranteed to turn heads and frowns into smiles. Call now and we will give you a coupon for one month's worth of free oil changes as well. You will never find another such opportunity. So act now, call. Thank you for watching our show.

□ 해석 ▶▶▶

Bob's Amazing Car Deals을 방문해주셔서 감사합니다. 오늘 쇼에서 보여드릴 물건은 복원된 Shelby Cobra Convertible 입니다. 얼마나 잘 관리되었고 이 차를 가능한 완벽하게 만들어주는 작은 세세한 부분들을 주의 깊게 보십시오. 또한 티 하나 없이 광나는 candy red색은 당신이 거울로 사용해도 될 만큼 빛납니다. 고개를 돌리면 찌푸렸던 인상이 미소로 바뀔 것을 보장합니다. 지금 전화하시면 한달 무료 기름 교환권 쿠폰을 드립니다. 이런 기회는 또 다시 찾을 수 없을 겁니다. 그러니 지금 전화하세요. 시청해주셔서 감사합니다.

□ 중요 표현 ▶▶▶

as ~ as possible 될 수 있는 데로 ~한
immaculate 티 하나 없이 깔끔한

Intermediate

Hello car enthusiasts and sports car **aficionados**. Today we have truly a classic gem of motoring history for us to show you. It's the 1948 Shelby Cobra Convertible. Completely restored to a **mint conditioned** to its former glory. You can examine this car with a microscope and we will guarantee you that you won't find a single blemish on this car. And when you turn on the engine, you'll even forget what you used to do before driving this car. Your day's worries will simply **drift** themselves **away from** your body as you step on the accelerator. Call now and we'll even include one year's supply of free oil changes. Thank you for joining us.

□ 해석 ▶▶▶

자동차 팬들과 스포츠카 마니아 여러분 안녕하세요. 오늘 우리는 자동차 역사에 완전한 고전적 보석을 보여드리겠습니다. 1948년 Shelby Cobra Convertible입니다. 이전의 영광을 가진 완전히 새로운 상태로 복원되었습니다. 현미경으로 이 차를 검사해 봐도 장담하는데 티끌 하나도 발견하지 못하실 겁니다. 또, 시동을 걸면 이 차를 운전하기 전에 했던 일에 대해서는 완전히 잊게 되실 겁니다. 당신의 하루 걱정은 엑셀을 밟을 때 모두 날아가 버릴 것입니다. 지금 전화하시면 1년치 무료 기름 교환권도 함께 드립니다. 함께해 주셔서 감사하고 지금 전화하세요.

□ 중요 표현 ▶▶▶

aficionado 마니아
mint condition 새 것 같은
drift away from ~ ~에서 떠내려가 버리다

Q Sell this piano.

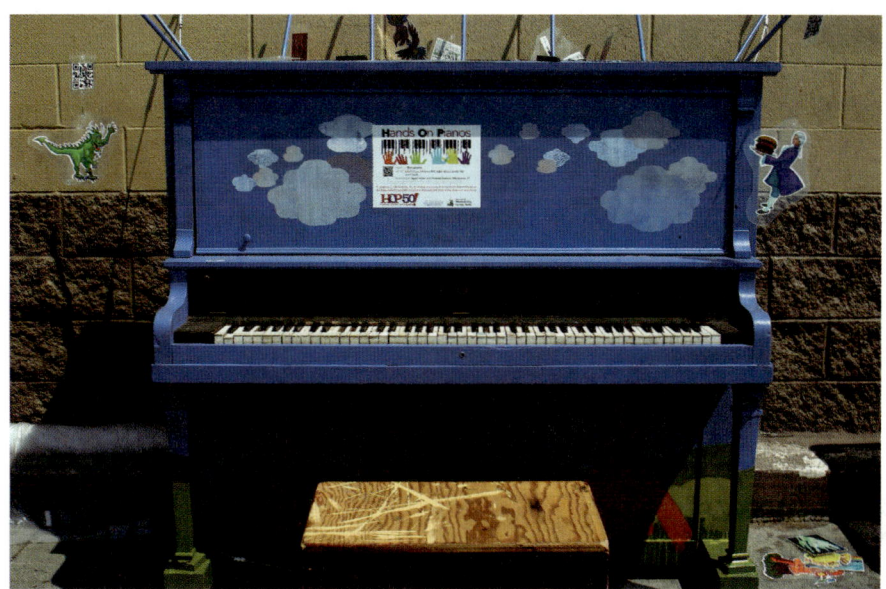

▬ Beginner

Hello everyone. Welcome to Beethoven's Musical Barn. Today we have this <u>whimsical</u> upright piano on the show. As you can see, the exterior of the piano has been painted by a local artist. So not only will you be able to play beautiful music, you'll also own a <u>one-of-a-kind</u> upright piano. No other copies available in this world. If you call now, we'll even include a matching piano stool at no additional cost. Act now because this deal will be soon gone. Thank you for watching Beethoven's Musical Barn.

□ 해석 ▶▶▶

안녕하세요 여러분. Beethoven's Musical Barn에 오신 것을 환영합니다. 오늘 방송에서는 이 기발한 업라이트 피아노를 소개하겠습니다. 보시다시피, 이 피아노의 외부는 로컬 아티스트에 의해 칠해졌습니다. 따라서 아름다운 음악을 연주할 수 있을 뿐만 아니라, 당신은 하나 밖에 없는 업라이트 피아노를 소유할 수도 있습니다. 이 세상에 이것과 같은 제품은 없습니다. 지금 전화하시면 추가 비용 없이 피아노에 맞는 의자도 드리겠습니다. 이 거래가 곧 끝나기 전에 지금 전화하세요. Beethoven's Musical Barn을 시청해주셔서 감사합니다.

□ 중요 표현 ▶▶▶

whimsical 기발한, 엉뚱한
one of a kind 독특한 사람, 물건

Intermediate

Attention music lovers and art lovers. We have a rare item that will please you both. It's this colorful upright piano. It's most distinguishing feature are obviously these three mysterious figures painted under the keys. This piano has been hand-painted by a famous local artist so you know this is an exclusive item. And because it's an upright, it won't take up too much space at your home. If you order now, we'll even include a matching piano stool. So what are you waiting for? Call now. Our operators are on standby right now.

□ 해석 ▶▶▶

음악 애호가와 예술 애호가들은 주목해주세요. 여러분들을 모두 만족시킬 진귀한 물건이 있습니다. 형형색색의 업라이트 피아노입니다. 이것의 가장 구별되는 특징은 건반 아래에 그려져 있는 3개의 알 수 없는 형체들입니다. 이 그림들은 한 유명한 로컬 아티스트의 손에 직접 그려졌기 때문에 이 피아노는 유일한 제품입니다. 또 업라이트이기 때문에 당신 집에 많은 공간을 차지하지 않을 것입니다. 지금 주문하시면 어울리는 피아노 의자도 드립니다. 뭘 기다리십니까? 지금 전화하세요. 교환원들이 대기하고 있습니다.

□ 중요 표현 ▶▶▶

distinguishing 다른 것과 구별되는, 특징적인
hand-painted 손으로 칠한
exclusive 독점적인, 배타적인

CHAPTER 01. 소개 및 전략

CHAPTER 02. 패턴 및 표현

CHAPTER 03. 두 개~네 개의 그림 비교 및 대조하기

Part 6

그림 비교 및 대조
(Picture Comparison)

CHAPTER 01 소개 및 전략

소개

Picture Comparison(그림 비교 및 대조) 문제는 두 장에서 네 장의 사진을 보여주고, 응시자에게 비교 및 대조를 요구하는 문제이다.

보통 비교와 대조가 확실하게 될 수 있는 사진이나 그림들을 보여준다. 이 때, 설명의 순서가 너무나 중요하다. 왜냐하면 이 유형이 그림 묘사보다 어려운 이유는 두 가지 이상의 그림을 설명해야 되기 때문인데, 응시자의 답변으로 시험관이 두 그림이 정확히 비교 및 대조가 되었을 때 좋은 답변이 될 수 있기 때문이다. 따라서 답변 구조, 즉 패턴을 알고 가는 것이 중요하다.

이 문제는 결국 그림 묘사가 두 번 이상 반복되는 문제이다. 따라서 논리적인 답변이 중요하다. 만약 자신이 자유롭게 영어 구사가 가능하다면 공통점과 차이점을 언급해 주는 것이 좋다. 하지만 영어 구사가 힘든 경우, 비교 가능한 특징만 짚어내어 얘기하면 자연스럽게 비교가 된다.

답변에 시간제한은 없으나 사실상 40초~1분 가량을 답변 시간이라고 생각하면 된다. 그렇기 때문에 모든 것을 세세하게 설명하기는 시간이 모자란 경우가 많다. 따라서 눈에 띄는 것을 논리적으로 설명하는 것이 필요하다.

전략

▶ **묘사하기 쉬운 것을 설명하라.**

아무리 특징적인 행동이나 모양이라고 해도 설명할 수 없다면 과감히 설명에서 빼야 한다. 그 부분에서 답변이 늦어지거나 말을 더듬게 되면 오히려 역효과이기 때문이다. 따라서 묘사하기 쉽고 가능한 부분을 주로 설명해주면 좋다.

▶ **On the other hand(반면에) 표현을 사용하라.**

한 부분씩 비교하며 설명하기에는 시간이 부족하다. 따라서 왼쪽 사진 또는 위쪽 사진을 모두 설명한 후에 On the other hand(반면에) 라는 표현을 사용해서 문맥의 반전을 얘기해 준다면 자연스럽게 비교와 대조가 되기 때문에 더 논리적인 문장이 될 수 있다.

▶ **짧은 시간 동안에 비교가 확실한 부분을 포착하는 연습을 해야 한다.**

비교가 확실한 부분을 잡아내는 연습을 미리 해 놓아야 하는데, 특히 색깔이 검은색이나 흰색으로 비교되거나 구식 건물과 신식 건물 등으로 비교되는 경우가 많다. 이러한 점을 짧은 시간 안에 구분해 내려면 평소 연습을 많이 해 놓아야 한다.

CHAPTER 패턴 및 표현

Pattern

Intro_ I will compare and contrast these pictures.

Body 1_ The picture on the left, (picture description)

Body 2_ On the other hand, the picture on the right, (picture description)

Conclusion_ This is about my comparison of these pictures.

PART 06. 그림 비교 및 대조

CHAPTER 03 두 개~네 개의 그림 비교 및 대조하기

STEP 01. 기출문제

Q Compare and Contrast these pictures.

The picture on the left is of several white-washed pension buildings in Jeju island. It's easy to tell because of the palm trees that align the perimeter walls, and because of the forsythias in full bloom. The picture on the right is of a Volkswagen van parked in front of a tropical beach. Here too, you can notice the tell-tale coconut palm trees, the white sand beaches, and the clear blue ocean. Both pictures are of locations near the ocean, and during similar weather as well. This is my comparison of the two pictures.

▫ 해석 ▶▶▶

왼쪽에 있는 사진은 제주도에 있는 흰색으로 칠해진 펜션 건물들입니다. 주변 벽들을 따라 야자나무가 줄지어 있고, 개나리가 만개해있기 때문에 알아보기 쉽습니다. 오른쪽에 있는 사진은 열대 지방 해변 앞에 주차되어 있는 Volkswagen 밴입니다. 이곳에도 코코넛 야자나무가 있는 것과, 백사장, 맑은 푸른 바다가 있는 것 알 수 있습니다. 두 장의 사진 모두 바다 가까운 곳이고 비슷한 날씨입니다. 이것이 두 장의 사진에 대한 제 비교입니다.

Q Compare and Contrast these pictures.

The top picture is of a tablet computer. It is the smallest and lightest variation of portable computing. Its screen is also a touch screen, so there is no need for an installed keyboard. Using just your fingers, you can surf the web, check your email, listen to music, take pictures or videos, and even make phone calls using your tablet computer. On the other hand, the bottom picture is one of the thinnest ultra-slim notebooks available. This is the real portable version of a desktop computer. You can perform all of the same tasks on this notebook as you would with a desktop computer. Usually people who need desktop-like capabilities prefer a notebook to a tablet, which is more limited in its computing power.

□ 해석 ▶▶▶

위 사진은 태블릿 컴퓨터입니다. 이것은 휴대용 컴퓨터 중 가장 작고 가볍습니다. 화면은 터치스크린으로, 자판을 설치할 필요가 없습니다. 손가락으로 웹 서핑을 할 수 있고, 이메일을 확인하고, 음악을 듣고, 사진과 동영상을 찍고, 심지어는 ipad로 전화 통화도 할 수 있습니다. 밑에 있는 사진은 가장 얇은 노트북들 중 하나입니다. 이것은 데스크탑 컴퓨터의 실제 휴대용 버전입니다. 당신은 데스크탑으로 할 수 있는 모든 업무를 노트북으로도 할 수 있습니다. 대개 데스크탑 같은 사양이 필요한 사람들은 연산 능력이 좀더 제한된 태블릿보다는 노트북을 선호합니다.

□ 중요 표현 ▶▶▶

surf the web (인터넷)정보를 둘러 보다

STEP 02. 예상문제

Q Please compare and contrast these two pictures.

Beginner

The picture on the left shows a man doing bungee jumping. The picture on the right shows a man parachuting. Both are extreme sports and they are popular during the summer. On the left, you jump from a crane. On the right, you jump from a plane. Both sports are very dangerous and thrilling.

□ 해석 ▶▶▶

왼쪽에 있는 사진은 한 남자가 번지점프를 하고 있습니다. 오른쪽 사진에는 남자가 패러슈팅을 하고 있습니다. 두 가지 모두 익스트림 스포츠이고 여름에 인기 있습니다. 왼쪽은 크레인에서 뛰어내립니다. 오른쪽은 비행기에서 뛰어내립니다. 두 가지 스포츠 모두 매우 위험하지만 스릴 있습니다.

Intermediate

Both pictures represent two examples of extreme sports popular during the summer. The sport on the left is bungee jumping and the one on the right is parachuting. Both are very thrilling and dangerous at the same time. However, you jump off a landing held high by a crane for bungee jumping, whereas for parachuting you jump off a plane. One sport makes you jump off a stationary object, the other from a moving object. Both sports should be avoided by those who have fear of heights.

□ 해석 ▶▶▶

두 장의 사진 모두 여름에 인기 있는 익스트림 스포츠의 두 가지 예를 보여줍니다. 왼쪽의 스포츠는 번지점프이고 오른쪽은 패러슈팅입니다. 양쪽 모두 매우 스릴있는 동시에 위험합니다. 하지만, 번지점프는 크레인으로 높게 올려진 후에 뛰어내리는 반면, 패러슈팅은 비행기에서 뛰어내립니다. 하나는 정지된 물체에서 뛰어내리고, 다른 하나는 움직이는 물체에서 뛰어내립니다. 두 스포츠 모두 고소공포증이 있는 사람은 피해야 합니다.

□ 중요 표현 ▶▶▶

jump off ~ ~에서 뛰어내리다

Q **Please compare and contrast these two pictures.**

Beginner

The two pictures show people posing for a picture. The left picture shows a little girl wearing pink clothes. The right picture is a businessman wearing a suit. The pictures were taken during the day. Both people are smiling in the pictures. The girl is in a park and the man is near a river.

□ 해석 ▶▶▶

두 장의 사진은 사진을 찍기 위해 자세를 취하는 사람들을 보여줍니다. 왼쪽의 사진에는 분홍색 옷을 입을 꼬마 여자아이가 있습니다. 왼쪽에는 양복을 입은 회사원이 있습니다. 이 사진들은 낮에 찍었습니다. 두 사람 모두 사진 속에서 웃고 있습니다. 여자 아이는 공원에, 그리고 남자는 강 근처에 있습니다.

Intermediate

Both pictures are portrait pictures of two different people. The picture on the left portrays a little blonde girl in pink clothes leaning against a tree. The picture on the right shows a businessman wearing a grey suit standing at the edge of a waterfront. Both subjects are smiling in their pictures, and both pictures were taken during the day. However, the little girl's picture was taken in a park, whereas the businessman's picture was probably taken at a wharf or riverfront.

□ 해석 ▶▶▶

두 사진 모두 다른 두 명의 인물 사진입니다. 왼쪽의 사진은 분홍색 옷을 입고 나무에 기대있는 금발의 작은 여자아이가 있습니다. 오른쪽 사진에는 부둣가 가장자리에 서 있는 회색 양복의 회사원이 있습니다. 두 대상들은 모두 사진에서 웃고 있고, 두 사진은 낮 중에 찍혔습니다. 하지만 작은 여자아이의 사진은 공원에서 찍힌 반면, 회사원의 사진은 부두나 강가로 추정되는 곳에서 찍혔습니다.

□ 중요 표현 ▶▶▶

lean against ~ ~에 기대어

Q Please compare and contrast these two pictures

▬ Beginner

The picture on the left is of an escalator. The picture on the right is of an elevator. Both are machines we use to move between floors. Both are empty of people. The escalator is found inside department stores. The elevator is found inside a shopping mall. Both have glass walls. People like using them instead of stairs because shopping bags are heavy.

□ 해석 ▶▶▶

왼쪽에 있는 사진은 에스컬레이터입니다. 오른쪽에 있는 사진은 엘리베이터 입니다. 두 기계는 모두 우리가 층을 이동할 때 사용합니다. 두 사진 모두 사람이 한 명도 없습니다. 에스컬레이터는 백화점 안에 찾을 수 있습니다. 엘리베이터는 쇼핑몰 안에 있습니다. 두 개 모두 유리벽이 있습니다. 사람들은 쇼핑 가방이 무겁기 때문에 계단을 걷는 대신 그들을 사용합니다.

□ 중요 표현 ▶▶▶

instead of ~ 대신에

Intermediate

Both pictures show two machines that we use to move between floors. The one on the left is a picture of an escalator, which is like a moving stairway. It moves up and down in a diagonal direction. You don't need to push any buttons but just stand. The picture on the left is of an elevator. The elevator moves straight up and down between the floors. You need to push the button of the floor you wish to go to. An escalator is often found in department stores. Elevators are usually found on very tall buildings and shopping malls. Both machineries have either glass panes or glass walls.

□ 해석 ▶▶▶

두 장의 사진 모두 우리가 층 사이를 이동할 때 사용하는 두 가지 기계를 보여줍니다. 왼쪽에 있는 사진은 에스컬레이터로, 움직이는 계단과도 같습니다. 이것은 사선 방향으로 위아래로 움직입니다. 어떤 버튼을 누를 필요도 없이 그냥 서 있기만 하면 됩니다. 왼쪽의 사진은 엘리베이터입니다. 엘리베이터는 층 사이를 직선 방향으로 위 아래로 움직입니다. 당신은 가고 싶은 층의 버튼을 눌러야 합니다. 에스컬레이터는 백화점에서 자주 볼 수 있습니다. 엘리베이터는 보통 고층 빌딩이나 쇼핑몰에서 찾을 수 있습니다. 두 기계 모두 판유리나 유리벽이 있습니다.

□ 중요 표현 ▶▶▶

move up and down 올라갔다 내려왔다 하다

Q Please compare and contrast these two pictures.

■ Beginner

The picture on the left is of a rock singer. The picture on the right shows a woman listening to music. The man on the left likes to sing loudly. He is **playing a guitar**. The girl is checking her SNS while listening to her favorite music. Maybe she is listening to the same song the man is singing. They both love music very much. But they listen to different kinds of music. The girl likes **easy-listening** music. On the other hand, the man likes classic rock and roll.

□ 해석 ▶▶▶

왼쪽의 사진은 락 가수입니다. 오른쪽의 사진은 음악을 듣는 여자입니다. 왼쪽의 남자는 노래를 크게 부르는 것을 좋아합니다. 그는 기타를 치고 있습니다. 여자는 가장 좋아하는 음악을 들으면서 그녀의 SNS를 확인하고 있습니다. 아마 그녀는 그 남자가 부르고 있는 노래와 같은 노래를 듣고 있을지도 모릅니다. 그들은 모두 음악을 매우 사랑합니다. 하지만 그들은 다른 종류의 음악을 듣습니다. 여자는 듣기 편한 음악을 좋아합니다. 반면에 남자는 고전적인 락앤롤을 좋아합니다.

□ 중요 표현 ▶▶▶

play a guitar 기타를 연주하다
easy-listening 듣기 편한

■ Intermediate

The pictures show two different people enjoying music in different ways. The man in the picture on the left is singing his favorite songs on his guitar. He is singing into a microphone. **In contrast**, the woman on the right is listening to her music quietly on her headphones. She is also checking her SNS on her smartphone. The man probably enjoys performing in a rock band, **whereas** the woman might be listening to some easy-listening music such as jazz or blues.

☐ 해석 ▶▶▶

이 사진들은 다른 방식으로 음악을 즐기는 두 명의 사람들을 보여줍니다. 왼쪽 사진에 있는 남자는 기타를 치면서 그가 가장 좋아하는 노래를 부르고 있습니다. 그는 마이크에 대고 노래를 합니다. 반면에, 오른쪽에 있는 여자는 헤드폰으로 조용하게 음악 듣는 것을 좋아합니다. 그녀는 스마트폰으로 SNS도 확인하고 있습니다. 그 남자는 아마 락밴드의 공연을 즐길 것이지만, 여자는 재즈나 블루스와 같은 듣기 편한 음악을 들을 것 입니다.

☐ 중요 표현 ▶▶▶

in contrast 그에 반해서
whereas 반면에

———— CHAPTER 01. 소개 및 전략

———— CHAPTER 02. 기출문제 및 표현

Part 7

선호도 얘기하기
(Picture Comparison-Preference)

CHAPTER 01 소개 및 전략

소개

Preference(선호도) 질문은 그림 비교 및 대조 문제에서 한 단계 업그레이드 된 문제이다. 이 문제 또한 두 장에서 네 장의 사진을 보여주고 어떤 것을 가장 선호하는지를 묻는 문제이다.

비교 및 대조에서 파생된 문제이기 때문에 이것 또한 그림의 객관적 묘사가 기본으로 되어야 한다. 즉, 자신의 선호도를 먼저 얘기한 후, 그 이유를 설명할 때 그림의 객관적 묘사가 이유로 뒷받침 되면 가장 좋은 답변이 될 수 있다.

특히 요즘 SPA 시험에서 단순 비교 및 대조 문제보다 선호도를 묻는 질문이 많이 나오므로 자신이 어떤 것을 좋아하는지, 그리고 그 이유는 무엇인지를 설명하는 연습을 해 두어야 한다. 이것 또한 솔직한 자신의 의견을 말하는 것보다, 자신이 말하기 쉬운 방향으로 답변을 이끌어 가는 것이 중요하다.

PART 07. 선호도 얘기하기

CHAPTER

기출문제 및 표현

■ STEP 01. 기출문제

Q Which one do you prefer?

I prefer the right watch because it is more practical and has more usable functions than the watch on the left. The casio watch has a digital face, so you can toggle through its modes, and has its having its own backlight. The watch on the left simply tells the time, and does not even show the date.

□ 해석 ▶▶▶

저는 오른쪽에 있는 시계가 왼쪽에 있는 시계보다 더 실용적이고 사용할 수 있는 기능이 많아서 그것을 더 선호합니다. Casio 시계는 디지털로 되어있어서 모드를 선택할 수 있고, 배면광 또한 가지고 있습니다. 왼쪽에 있는 시계는 날짜조차 나오지 않고 단순하게 시간만 볼 수 있습니다.

Q Which one do you prefer?

I prefer a cordless mouse because it gives me more freedom to place my mouse on my desk in any situation whereas the corded mouse is limited in its motion to the length of the cord.

□ 해석 ▶▶▶

저는 선의 길이 때문에 동작이 제한되는 유선 마우스보다는 어떤 상황에서도 제 책상 위에 올려놓을 수 있는 자유로운 무선 마우스를 선호합니다.

PART 07. 선호도 얘기하기

Q Which one do you prefer?

I prefer to ski than to climb a mountain because it's more thrilling and exciting to go downhill than uphill.

□ 해석 ▶▶▶

저는 오르막 보다는 내리막을 가는 것이 더 스릴 있고 신나기 때문에 등산보다는 스키를 선호합니다.

Q Which one do you prefer?

I prefer to read in a library because I can multi-task better than if I was reading outside on a bench. Inside a library, there are more books and materials for me to peruse, and there are outlets for me to plug in any electrical devices. Also, the weather won't dictate my use since it's indoors. This also means that I don't have to worry about insects, nor how dark it gets outside.

▢ 해석 ▶▶▶

저는 실외에 있는 벤치에서 책을 읽는 것 보다 도서관에서 책을 읽는 것이 여러 가지 일을 동시에 할 수 있기 때문에 더 선호합니다. 도서관 안에는 제가 속독할 수 있는 책들과 자료들이 있고, 전기를 이용하는 장치들의 플러그를 꽂을 수 있는 곳도 있습니다. 또한, 도서관은 실내이기 때문에 날씨에 상관없이 이용할 수 있습니다. 또한 실내이기 때문에 벌레나 밖이 얼마나 어두운지에 대해서도 걱정할 필요가 없습니다.

STEP 02. 예상문제

Q Which one do you prefer?

Beginner

I prefer bungee jumping because it is less dangerous than parachuting. I don't want to jump off an airplane. Also bungee jumping is cheaper than jumping from a plane. This is why I prefer bungee jumping to parachuting.

□ 해석 ▶▶▶

저는 패러슈팅보다 번지점프가 덜 위험하기 때문에 그것을 더 선호합니다. 저는 비행기에서 뛰어내리기는 싫습니다. 또한 번지점프가 비행기에서 뛰어내리는 것 보다 저렴합니다. 이것이 제가 패러슈팅보다 번지점프를 선호하는 이유입니다.

Intermediate

I prefer bungee jumping because that is the choice with the least amount of danger involved. In the case of bungee jumping, you are always tied to a rope, and you fall a shorter distance. On the other hand, with parachuting, there is no way for anyone to help you if something happens. You have only your parachute to save your life. Also, you fall from a much greater height than you would for bungee jumping. Finally, the expenses involved for parachuting far exceed those for bungee jump. No training is needed to bungee jumping whereas for parachuting you will need to get training before any jump.

□ 해석 ▶▶▶

저는 번지점프를 선호하는데 그 이유는 그것이 위험과 최소로 연관된 선택이기 때문입니다. 번지점프는 항상 밧줄로 묶고, 더 짧은 거리를 떨어집니다. 그 반면에 패러슈팅은 무슨 일이 생겨도 누구에게 도움을 청할 방법이 없습니다. 당신의 생명을 구하기 위해서는 단지 낙하산 밖에 없습니다. 또한, 당신은 번지점프를 하는 것 보다 훨씬 높은 곳에서 떨어져야 합니다. 마지막으로, 패러슈팅에 드는 비용이 번지점프보다 더 많습니다. 패러슈팅은 그 전에 훈련을 받아야 하는 반면 번지점프는 훈련 받을 필요가 없습니다.

Q Which one do you prefer?

▬ Beginner

I prefer the escalator because I don't have to wait. I can just get on and get to my floor. With an elevator I have to wait until the door opens. Then only a few people can get in at a time. So it can be very cramped and smelly. But an escalator is not crowded and you don't have to wait. So I prefer an escalator over an elevator.

□ 해석 ▶▶▶

저는 기다리는 것이 싫기 때문에 에스컬레이터를 선호합니다. 그냥 올라타면 제 층에 갈 수 있습니다. 엘리베이터는 문이 열릴 때까지 기다려야 합니다. 또 한 번에 몇 사람만이 탈 수 있습니다. 이것은 매우 붐비고 냄새도 납니다. 하지만 에스컬레이터는 붐비지도 않고 기다릴 필요도 없습니다. 따라서 저는 엘리베이터보다 에스컬레이터를 선호합니다.

▬ Intermediate

I prefer the escalator over an elevator when moving between floors. Sometimes an elevator is more convenient when the building is very tall and has more than 10 floors. Also you can pick to which floor to go to exactly when on an elevator. However, with an escalator there is no waiting line, and you can always get on an escalator. On the other hand, you may not be able to get in the elevator on busy times because there are too many people waiting ahead of you. Also, it might be going in the opposite direction. However with an escalator, you always know which direction it is heading. You can also observe the building interior much more comfortably than when in an elevator. These are some of the reasons why I prefer an escalator over an elevator.

PART 07. 선호도 얘기하기

□ 해석 ▶▶▶

저는 층을 이동할 때 엘리베이터보다 에스컬레이터를 선호합니다. 빌딩이 10층이 넘는 매우 고층의 빌딩일 때는 가끔 엘리베이터가 더 편리합니다. 또한, 엘리베이터로는 가고 싶은 층을 고르면 정확히 그 곳으로 갈 수 있습니다. 하지만, 에스컬레이터는 기다리는 줄이 없고 언제나 탈 수 있습니다. 사람이 많을 때에는, 당신 앞에 기다리는 사람들이 너무 많기 때문에 엘리베이터에 탈 수 없을지도 모릅니다. 또, 반대 방향으로 갈 수도 있습니다. 하지만 에스컬레이터는, 당신은 항상 이것이 향하는 방향을 알고 있습니다. 또한 엘리베이터보다 훨씬 편하게 빌딩의 인테리어를 관찰할 수도 있습니다. 이것이 제가 엘리베이터보다 에스컬레이터를 선호하는 이유입니다.

□ 중요 표현 ▶▶▶

on the other hand 반면에, 다른 한편으로는

Q Which one do you prefer?

Beginner

I prefer the picture on the right. It is very easy to listen to music on your smartphone. I don't know how to play an instrument. Also, many Koreans enjoy easy listening music. Not many Koreans like rock and roll. Another reason I prefer to just listen is because I am not very good at singing. Only singers sing well, but anyone can listen to music. And many people will complain if you play loud music all the time. This is why I prefer to listen to music.

□ 해석 ▶▶▶

저는 오른쪽의 사진이 더 마음에 듭니다. 스마트폰으로 음악을 듣는 것은 매우 쉽습니다. 저는 악기를 연주할 줄도 모릅니다. 또한 많은 한국인들은 듣기 편한 음악을 좋아합니다. 락앤롤을 좋아하는 한국인들은 많지 않습니다. 제가 음악 듣는 것을 좋아하는 또 다른 이유는 저는 노래를 못 하기 때문입니다. 노래는 가수들만 잘하지만, 음악을 듣는 것은 모든 사람이 할 수 있습니다. 그리고 당신이 항상 시끄럽게 연주한다면 많은 사람들이 항의할 것입니다. 이것이 제가 음악을 듣는 것을 더 좋아하는 이유입니다.

□ 중요 표현 ▶▶▶

be good at ~ing ~에 능숙하다, ~을 잘하다

Intermediate

I prefer the picture with the woman leisurely listening to her music. Although many men like to sing and even play rock and roll, it is not something that we can really do all the time. Korea is still very conservative, so just quietly listening to your music is considered more polite than singing rock songs very loudly. Also, you need to have music skills to be able to sing well and play an instrument. But anyone can pick up a set of headphones and just listen to music. Also this choice doesn't impose on anyone else, whereas you might get into trouble if you sing and play loud music at your house. For these reasons, I prefer to just listen to music.

PART 07. 선호도 얘기하기

□ **해석** ▶▶▶

저는 여자가 한가하게 음악을 듣고 있는 사진이 더 좋습니다. 비록 많은 남자들이 노래 부르는 것을 좋아하고 심지어 락앤롤 연주를 좋아해도, 이것은 우리가 항상 할 수 있는 일이 아닙니다. 한국은 아직 매우 보수적이기 때문에 큰 소리로 노래를 부르는 것보다 조용히 음악을 듣는 것이 더 공손하게 여겨집니다. 또한, 당신이 노래를 잘 하고 악기를 연주하려면 음악적 재능이 있어야 합니다. 하지만 모두가 헤드폰을 집어 들고 음악을 듣기만 하면 됩니다. 또한 당신 집에서 노래를 부르고 시끄러운 음악을 연주한다면 당신은 곤란한 상황에 처할지도 모르는 반면, 이 방법은 다른 사람에게 폐를 끼치지 않습니다. 이러한 이유들로, 저는 음악을 듣는 것을 더 선호합니다.

CHAPTER 01. 소개 및 전략

CHAPTER 02. 표현 정리

CHAPTER 03. 원 그래프(Pie Graph) 패턴 및 문제

CHAPTER 04. 막대 그래프(Bar Graph) 패턴 및 문제

CHAPTER 05. 선 그래프(Line Graph) 패턴 및 문제

Part B

자료 분석
(Data Analysis)

CHAPTER 01 소개 및 전략

소개

Data analysis(자료 분석) 유형은 실무와 가장 밀접한 유형의 문제이다. 보통 파이그래프, 바 그래프, 라인그래프 중에서 한 가지 유형이 나온다.

평소에 프레젠테이션을 할 때를 생각하고 답변을 구성하면 된다. 이 유형 또한 그림묘사와 마찬가지로 답변에 제한은 없지만 짧은 시간 안에 핵심적인 부분만 잘 설명하는 것이 필요하다.

또한, 얼마나 객관적으로 설명하는지가 정말 중요하다. 눈에 보이는 것을 그대로 전달하는 것이 목적이기 때문이다. 그림묘사와는 다르게 이 유형에서는 숫자를 설명해야 할 때가 있다. 평소에 숫자를 어떻게 읽는지 공부해 가는 것이 필요하다. 또한, 숫자를 읽을 때 발음이 정말 중요하다. 예를 들어 fifteen인지, fifty인지 정확히 구분을 해 주어야 한다.

연습해 간 패턴대로 답변을 하면 되는데, 가끔 시험관이 도표를 분석하는 것을 요구하는게 아닌 도표를 보고 바로 Follow-up Question(추가 질문)을 던질 수 있다. 하지만 결국 도표와 관련된 질문을 내는 것이기 때문에 도표를 어떻게 분석하는지 꼭 알아야만 한다.

자료 분석은 특히나 실무에서 많이 쓰이기 때문에 출제 빈도 또한 높다. 시험관이 도표를 분석하라는 질문을 냈을 때, 응시자가 도표의 필수어휘를 얘기하면 도표분석을 할 수 있다는 것으로 가정하고 답변을 정지시킨 뒤 다음 문제로 넘어갈 수도 있다.

전략

▶ **그래프의 종류를 확실히 알아두자.**
SPA시험에서 출제되는 그래프는 크게 세 가지 종류이다. 파이그래프, 라인그래프, 그리고 바 그래프, 이렇게 세 가지의 종류인데, 각각의 이름을 정확하게 알아두어야 한다. 그리고 답변의 첫 문장에서 어떠한 그래프인지 언급을 해 주면 고득점을 받을 수 있다.

▶ **그래프 유형에 따른 필수 어휘를 알아두자.**
세 가지 유형의 그래프 모두 특수하게 쓸 수 있는 필수어휘들이 있다. 각각의 어휘를 적절한 곳에 써야 한다.

▶ **객관적 묘사만을 사용하라.**
자료 분석의 핵심은 객관적 묘사이다. 주관적인 묘사를 포함시킬 경우 문제의 본질이 흐려지고 점수를 높게 받을 수 없다. 따라서, 객관적인 묘사만을 중심으로 답변을 하고, 그 뒤에 Follow-up Question(추가 질문)으로 주관을 묻는 문제가 나오면 그때 자신의 주관을 얘기하면 된다.

CHAPTER 02 표현 정리

원 그래프(Pie Graph)에서만 쓰는 표현

Portion_ 비율을 뜻하는 단어로 원 그래프(Pie Graph)에서 나눠져 있는 부분을 뜻한다. (e.g. There are five portions in the graph. → 이 그래프에는 5개의 부분이 있다)

Parts_ Portion과 마찬가지로 원 그래프(Pie Graph)에서 나눠져 있는 부분을 뜻한다. (e.g. It is divided into five parts. → 이 그래프는 5개의 부분으로 나눠져 있다.

The Largest / Biggest Portion_ 가장 넓은 비율(부분). 원 그래프(Pie Graph)는 다른 그래프들과 다르게 '가장 넓은/큰 부분'이라고 표현한다.

The Smallest Portion_ 가장 적은 비율(부분). 마찬가지로 '가장 적은 부분'이라고 표현해야 한다.

막대 그래프(Bar Graph)와 선 그래프(Line Graph)에서만 쓰는 표현

Horizontal Axis_ 수평축을 뜻하는 단어이다. 단순히 X axis(x축)과 같이 표현하는 것보다 horizontal axis (수평축)과 같은 단어를 써줌으로써 고득점을 받도록 해야 한다.

Vertical Axis_ 수직축을 뜻하는 단어이다. 단순히 Y axis(y축)으로 표현하는 것보다 vertical axis (수직축)과 같은 단어를 써 주는 것이 좋다.

The Highest_ 가장 높은 것을 뜻할 때 쓰인다. 예를 들어 가장 많이 팔린 시점을 얘기할 때 the highest(가장 높은)이라는 표현을 쓴다.

The Smallest_ 가장 낮은 것을 가리킬 때 쓴다. 가장 적게 팔린 시점이나 가장 적은 양을 언급하고 싶을 때, the smallest(가장 낮은)이라는 표현을 쓴다.

선 그래프(Line Graph)의 동향 묘사 단어 및 표현(Expressing the Movement of a Line)

동사	명사	형용사	부사
Rise (to)	A rise	Dramatic	Dramatically
Increase (to)	An increase	Sharp	Sharply
Go up to		Huge	Hugely
Grow (to)	Growth	Steep	Steeply
Boom	A boom	Considerable	Considerably
Peak (at)	(reach) a peak (at)	Significant	Significantly
Fall (to)	A fall (of)	Marked	Markedly
Decline (to)	A decline (of)	Moderate	Moderately
Dip (to)	A dip (of)	Small	
Go down (to)			
Reduce (to)	A reduction (of)		
A slump			
No change	No change		
Remain stable (at)			
Remain steady (at)			
Stay (at)			

CHAPTER 03

원 그래프(Pie Graph) 패턴 및 문제

▪ STEP 01. 패턴 익히기

Let me explain this pie graph. This pie graph shows 주제. As you can see, there are 숫자 portions in the graph; 요소1, 요소2, and 마지막 요소. Each portion has different color such as 요소1의 색, 요소2의 색, and 마지막 요소의 색. The largest portion is 요소 이름. It represents 수치 percent. On the other hand, the smallest portion is 요소 이름. It describes 수치 percent. This is about my explanation of pie graph regarding 주제.

□ 해석 ▶▶▶

내가 이 파이그래프를 설명하겠습니다. 이 파이그래프는 주제를 나타냅니다. 당신이 보다시피, 이 그래프에는 숫자의 부분이 있고 그들은 요소1, 요소2, 그리고 마지막 요소입니다. 각각의 요소들은 요소1의 색, 요소2의 색 그리고 마지막 요소의 색과 같이 각기 다른 색들을 가지고 있습니다. 가장 큰 부분은 요소 이름입니다. 이것은 수치를 나타냅니다. 반면에 가장 작은 부분인 요소 이름입니다. 이것은 수치를 나타냅니다. 이것이 이 그래프의 주제에 따른 제 설명입니다.

▪ STEP 02. 기출문제 및 모범답안

Q Please describe this pie graph.

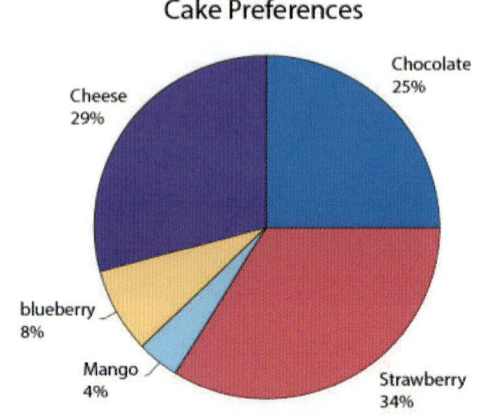

This pie represents the cake preferences for the people surveyed. As you can see, there are five distinct portions in the graph; chocolate, strawberry, mango, blueberry, and cheese. Chocolate **is represented by** the blue portion, strawberry with the violet mango with the light blue, blueberry with the yellow and is represented by the dark blue portion. The largest portion and the most popular cake is the strawberry cake with 34% whereas the smallest portion **is occupied by** mango cake with only 4%.

□ 해석 ▶▶▶

이 파이 그래프는 사람들에게 케이크 선호도 설문 조사한 것을 나타낸 것입니다. 보다시피, 이 그래프는 다섯 개의 구분된 부분들로 되어있습니다. 초콜릿, 딸기, 망고, 블루베리, 치즈입니다. 초콜릿은 파란색 부분으로 나타내어지고, 치즈는 남색 부분으로 나타내어집니다. 34%로 가장 큰 부분을 차지하고 있고 가장 인기 있는 케이크는 딸기 케이크인 반면, 가장 작은 부분은 4%만 차지하는 망고 케이크입니다.

□ 중요 표현 ▶▶▶

be represented by ~   ~로 나타내어지다
be occupied by ~   ~로 점령되어진

Follow-up Question

01   What is your favorite cake in this graph?
이 그래프에서 당신이 가장 좋아하는 케이크는 무엇입니까?

My favorite cake is chocolate cake. Although I do also enjoy strawberry or cheese cake I have always loved chocolate the most since I was a child.

□ 해석 ▶▶▶

제가 가장 좋아하는 케이크는 초콜릿 케이크입니다. 딸기나 치즈 케이크도 좋아하지만, 제가 어렸을 때부터 저는 항상 초콜릿 케이크를 더 좋아했습니다.

STEP 03. 예상문제

Q Please describe this graph.

이 그래프를 묘사하세요.

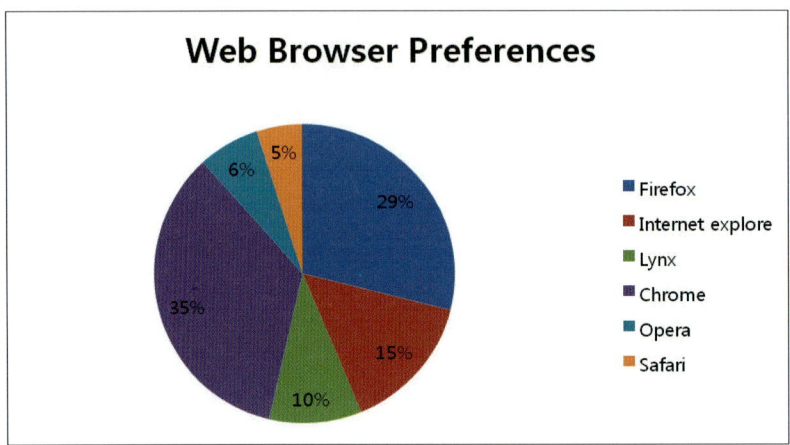

Beginner

I will describe this pie graph. This pie graph shows web browser preferences. There are six portions in this pie graph representing six different web browsers: Firefox, Internet Explorer, Lynx, Chrome, Opera, and Safari. The largest portion is occupied by Chrome with 35%. The second-largest portion is occupied by Firefox. The smallest portion is for Safari with only 5%, then by Opera with only 6%. Internet Explorer's portion was 15%, and Lynx was 10%. This is my explanation of this pie graph.

□ 해석 ▶▶▶

이 파이 그래프를 설명해보겠습니다. 이 파이 그래프는 웹 브라우저 선호도를 보여줍니다. 이 파이 그래프는 6개의 부분으로 나뉘어져 있는데 이는 6개의 다른 웹 브라우저를 나타냅니다: Firefox, Internet Explorer, Lynx, Chrome, Opera, Safari입니다. 가장 큰 부분은 35%로 Chrome이 차지하고 있습니다. 두 번째로 큰 부분은 Firefox입니다. 가장 작은 부분은 단지 5%만을 차지하고 있는 Safari이고, 그 다음은 6%를 차지하는 Opera입니다. Internet Explorer는 15%, Lynx는 10%입니다. 이것이 저의 파이 그래프 설명입니다.

Intermediate

This pie graph represents the web browser preferences of the surveyed group. The pie chart is composed of six portions, representing the six popular web browsers: Firefox, Internet Explorer, Lynx, Chrome, Opera, and Safari. Chrome occupies the largest portion with 35%, followed by Firefox with 29%. Then Internet Explorer and Lynx had the largest portions with 15% and 10% respectively. The smallest portion was occupied by Safari with 5%, which lost to Opera by only 1%.

□ 해석 ▶▶▶

이 파이 그래프는 설문 조사된 집단의 웹 브라우저 선호도를 나타냅니다. 이 파이 차트는 6개의 인기 있는 웹 브라우저들을 나타내는 6개의 부분들로 구성되어 있습니다: Firefox, Internet Explorer, Lynx, Chrome, Opera, Safari 입니다. Chrome은 35%로 가장 큰 부분을 차지하고, 그 뒤는 29%의 Safari 입니다. Internet Explorer와 Lynx는 각각 15%와 10%를 차지합니다. 가장 작은 부분은 5%의 Safari로, Opera보다 1% 적습니다.

□ 중요 표현 ▶▶▶

be composed of ~ ~로 구성되어 있다.

Follow-up Question [01~02]

01 Which one is your favorite web browser in this graph?

이 그래프에서 당신이 가장 좋아하는 웹 브라우저는 무엇인가요?

▬▬ **Beginner**

My favorite web browser in this graph is Chrome. Many people use Chrome on their PC's and it's faster than Internet Explorer. Using Chrome also means I can use Google's other services better.

□ 해석 ▶▶▶

이 그래프에서 제가 가장 좋아하는 웹 브라우저는 Chrome입니다. 많은 사람들이 그들의 PC에서 Chrome을 사용하고, 이것은 Internet Explorer보다 빠릅니다. Chrome을 사용하면 Google의 다른 서비스들도 더욱 잘 사용할 수 있습니다.

▬▬ **Intermediate**

My preferred web browser on this list is Chrome. Internet Explorer is the default web browsers for Windows, but it's not very efficient and lacking in many areas. Chrome has faster loading times, and better functions to manage your browser and internet use.

□ 해석 ▶▶▶

이 목록에서 제가 선호하는 웹 브라우저는 Chrome입니다. Windows에서는 Internet Explorer 가 기본 웹 브라우저이지만, 이것은 효율적이지 않고 많은 면에서 부족합니다. Chrome은 로딩 시간도 빠르고 당신의 웹 브라우저와 인터넷 사용을 관리하는데 더 좋은 기능을 합니다.

02 Why do people use Chrome the most?

왜 사람들은 Chrome을 가장 많이 사용하나요?

Beginner

Many people use Chrome because it is the browser from Google. And many people already use one or all of the services provided by Google. Chrome also makes it easier to manage these other Google services just using the web browser.

☐ 해석 ▶▶▶

많은 사람들은 Chrome이 Google에서 나온 브라우저이기 때문에 사용합니다. 많은 사람들은 이미 Google에서 제공하는 한 개나 모든 서비스를 사용하고 있습니다. Chrome은 단지 이 웹 브라우저를 사용함으로써 이 Google 서비스들을 관리하기 훨씬 쉽게 해줍니다.

Intermediate

Chrome is the most popular web browser because it's the browser from Google. Many people are already using the various services provided by Google such as Gmail. Chrome consolidates all these services and lets you manage all these services from one web browser. In addition, Chrome has better loading times than the Internet Explorer.

☐ 해석 ▶▶▶

Chrome은 Google에서 나온 웹 브라우저이기 때문에 가장 인기 있습니다. 많은 사람들이 Gmail과 같이 Google에서 제공하는 다양한 서비스들을 이미 사용하고 있습니다. Chrome은 이러한 모든 서비스들의 관리를 하나의 웹 브라우저로 통합해줍니다. 게다가, Chrome은 Internet Explorer보다 더 좋은 로딩 시간을 갖습니다.

☐ 중요 표현 ▶▶▶

in addition 게다가, 덧붙여

Q Please describe this graph.

이 그래프를 묘사하세요.

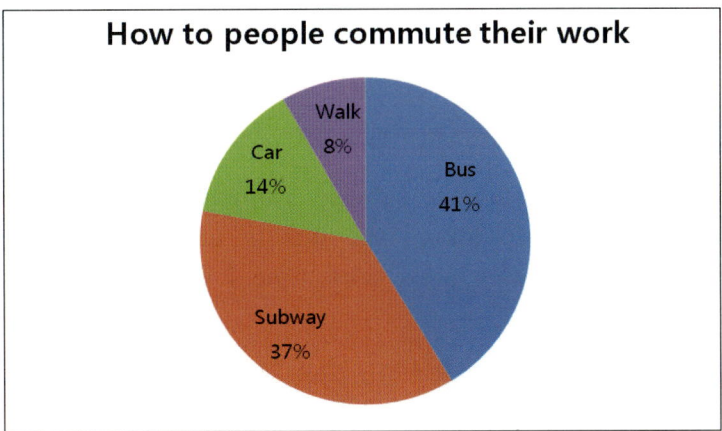

━━ Beginner

I will explain this pie graph. This pie graph represents how people commute to their work. There are four portions in this graph. One is walking, and the others are bus, car, and subway. The largest portion is bus with 41%. The smallest portion is walking with 8%. Car has 14% and subway has 37%. This is my explanation of the pie graph.

□ 해석 ▶ ▶ ▶

이 파이 그래프를 설명해보겠습니다. 이 파이 그래프는 사람들이 직장까지 어떻게 통근하는지를 나타냅니다. 이 그래프에는 4개지 부분이 있습니다. 한 개는 걸어가는 것이고 나머지는 버스, 승용차, 지하철입니다. 가장 큰 부분은 41%로 버스입니다. 가장 작은 부분은 8%로 걸어가는 방법 입니다. 승용차는 14%, 지하철은 37%입니다. 이것이 저의 파이 그래프 설명입니다.

━━ Intermediate

This pie graph illustrates how people commute to their work using various public transportation methods. The most popular form of commute is the bus which commands 41% of the pie graph. The next most popular method of commute is the subway with 37%. Commuting with the car came in third with 14%. Walking to work commanded the smallest percentage with 8%.

□ 해석 ▶ ▶ ▶

이 파이그래프는 사람들이 대중교통을 이용하여 직장까지 통근하는 방법을 나타냅니다. 이 파이 그래프에서 통근하는데 가장 인기 있는 방법은 41%로 버스입니다. 그 다음으로 인기 있는 방법은 37%로 지하철을 타는 것입니다. 승용차로 통근하는 사람들은 14%입니다. 걸어서 통근하는 방법은 8%로 가장 낮은 비율을 차지하고 있습니다.

Follow-up Question [01~02]

01 How do you commute?

당신은 출, 퇴근을 어떻게 하는가?

▬▬ Beginner

I commute to work using the subway. Commute traffic is very bad during morning rush hour, so taking the bus is unreliable. However with the subway, I always know exactly what time I will arrive.

□ 해석 ▶▶▶

저는 지하철로 통근합니다. 아침에 통근 교통 체증이 굉장히 심하기 때문에, 버스를 타는 것은 믿을 수가 없는 방법입니다. 하지만 지하철을 타면 항상 도착하는 시간을 정확하게 알 수 있습니다.

▬▬ Intermediate

I commute to work using the subway service. The biggest reason why I chose to take the subway is that it is quite predictable with its time schedule. As such I always know for certain when about I will arrive to my work. A bus is more unreliable because it's impossible to predict what the traffic conditions will be like on any given day. So I prefer to take the subway to work.

□ 해석 ▶▶▶

저는 회사까지 지하철을 이용합니다. 지하철을 타는 가장 큰 이유는 이것의 시간표는 예측 가능하기 때문입니다. 보통 저는 언제 회사에 도착할 것인지 정확한 시간을 알 수 있습니다. 하지만 버스는 보통 날에 교통 상황이 어떤지 알 수가 없기 때문에 신뢰할 수 없습니다. 따라서 저는 회사까지 지하철로 가는 것을 선호합니다.

□ 중요 표현 ▶▶▶

take the subway 지하철을 타다
for certain 틀림없는
on any given day 보통의 평범한 날

02 What is the best form of public transportation? Why?

가장 좋은 public transportation은 무엇인가? 그 이유는?

Beginner

The best form of **public transportation** is the bus because you can still admire the scenery while taking the bus. Also, the air is fresher because it is above ground, unlike the subway. Another reason buses are better is because there are buses that go any street, whereas the subway only stops where there is station along its route.

□ 해석 ▶▶▶

버스 안에서도 여전히 경치를 감상할 수 있기 때문에 가장 좋은 대중 교통은 버스입니다. 또한, 지하철과는 달리 지상의 공기는 더 상쾌합니다. 버스가 좋은 또 다른 이유는 지하철은 특정 장소에 역이 있는데 반해 버스는 어떤 거리로도 갈 수 있습니다.

□ 중요 표현 ▶▶▶

public transportation 대중교통

Intermediate

Without a doubt, the bus is the best form of public transportation in a city. Although there are some disadvantages to taking the bus instead of another form of public transportation, the bus is better because it still reaps the benefits of being above ground. The air is fresher and you can also look out the window and enjoy the scenery. Another unknown benefit is that you can get off at any location much like in a car, whereas for the subway, you can only exit at designated locations where there is a station. For these reasons, I think the bus is the best form of public transportation.

□ 해석 ▶▶▶

의심할 여지없이, 도시의 대중교통 중 가장 좋은 것은 버스입니다. 비록 다른 대중교통 수단을 타는 대신 버스를 타는 것에 몇 가지 단점이 있긴 하지만, 여전히 지상으로 다니면서 취할 수 있는 이익이 있습니다. 공기도 더 상쾌하고 창밖을 내다볼 수도 있으며 경치를 감상할 수 있습니다. 또 다른 알려지지 않은 이익으로는 지하철은 지정된 역에서 출구를 통해 내릴 수 있는데 반해 버스는 승용차 같이 어느 위치에서 내릴 수 있다는 점입니다. 이러한 이유들로, 저는 버스가 가장 좋은 대중교통 이라고 생각합니다.

□ 중요 표현 ▶▶▶

without a doubt 의심할 여지없이

Q **Please describe this graph.**

이 그래프를 묘사하세요.

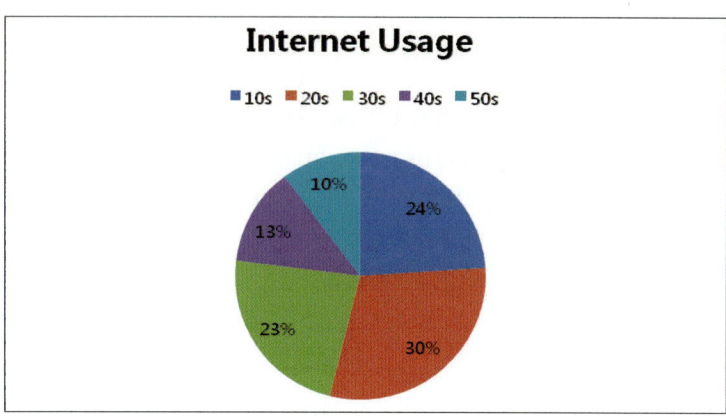

Beginner

This pie graph depicts internet usage **according to** different age groups. There are five portions in the pie graph representing teens to those in their 50-year-olds. The biggest portion was taken by 20-year-olds with 30%. Then teens and 30-year-olds occupied the next biggest portions with 24% and 23%. Finally, 40-year-olds had 13% and the smallest portion was 10% for the 50-year-olds. This concludes my depiction of the pie graph for internet usage.

□ 해석 ▶▶▶ [초급]

이 파이 그래프는 다른 연령 집단에 따른 인터넷 사용량을 나타냅니다. 이 파이 그래프는 10대부터 50대까지 5개 부분으로 나눠져 있습니다. 가장 큰 부분은 30%를 차지하는 20대 입니다. 10대와 30대가 각각 24%와 23%로 다음으로 큰 부분을 차지합니다. 마지막으로, 40대가 13퍼센트를 갖고 50대가 10%로 가장 작은 부분을 갖습니다. 이것이 이 인터넷 사용량 파이 그래프에 대한 제 묘사입니다.

□ 중요 표현 ▶▶▶

according to ~ ~에 따르면

Intermediate

This pie graph represents internet usage according to age. There are five portions spanning teens to 50-year-olds in ten years increments. The largest portion was occupied by the 20-year-olds with 30%. The smallest portion was occupied by the 50-year-olds with 10%. The teens and 30-year-olds both occupied the second biggest portions with 24% and 23% respectively. Then the second smallest portion was occupied by the 40-year-olds with 13%.

□ 해석 ▶▶▶

이 파이 그래프는 연령에 따른 인터넷 사용량을 나타냅니다. 10대부터 50대까지 10년 단위 집단으로 5개의 부분이 있습니다. 가장 큰 부분은 30%를 차지하는 20대 입니다. 가장 작은 부분은 10%의 50대 입니다. 10대와 30대는 각각 24%와 23%를 차지하며 두번째로 큰 부분을 차지합니다. 그 다음 두 번째로 작은 부분은 13%를 차지하는 40대 입니다.

Follow-up Question [01~02]

01 What do you usually do on the internet?

평소에 인터넷으로 무엇을 합니까?

Beginner

I usually use the internet to surf the web, check my SNS and emails, or shop online. Once in a while, I will get on the internet to play some online games.

□ 해석 ▶▶▶

저는 평소에 인터넷으로 웹 서핑을 하고 SNS와 이메일을 확인하거나 온라인으로 쇼핑을 합니다. 가끔 저는 인터넷으로 온라인 게임도 합니다.

□ 중요 표현 ▶▶▶

once in a while 때로, 가끔

Intermediate

Why I log on the internet is different depending on the situation. Unless I'm busy I usually get on the internet to check my emails or browse my social networks. That usually leads to just surfing the internet. Sometimes I like to go online to shop around for some items. Finally, I get on the internet occasionally to play online games.

□ 해석 ▶▶▶

제가 인터넷에 접속하는 이유는 상황에 따라 다릅니다. 보통 제가 바쁘지 않으면 저는 이메일을 확인하거나 소셜 네트워크를 돌아다닙니다. 보통 그것들은 인터넷 서핑으로 이어집니다. 때로 저는 온라인으로 몇 가지 물건을 보면서 쇼핑하는 것을 좋아합니다. 마지막으로, 가끔은 인터넷으로 온라인 게임을 하기도 합니다.

□ 중요 표현 ▶▶▶

depend on ~ ~에 달려있다
lead to ~ ~로 이어지다

02 Why do 20-year-olds have the highest internet usage?

왜 20대가 가장 많이 인터넷을 사용하는가?

▬ Beginner

They have the most time and freedom to use the internet. Also, they are addicted to SNS sites like Instagram, Pinterest, and Facebook. Teens are also very used to computers, but their usage is controlled by their parents. 30-year-olds probably are too busy to use the internet much. And those older than 40 didn't really grow up with computers so they don't really know how to use them.

□ 해석 ▶▶▶

그들이 가장 인터넷을 사용할 시간과 자유가 많기 때문입니다. 또한, 그들을 instagram, pinterest, facebook과 같은 SNS 사이트에 중독되어 있습니다. 10대 또한 컴퓨터에 매우 익숙해져 있지만 그들의 인터넷 사용은 부모님에게 관리 당합니다. 30대는 아마 인터넷을 많이 사용하기에는 너무 바쁠 것 입니다. 그리고 40대 이상은 컴퓨터와 함께 자라지 않았기 때문에 어떻게 사용하는지 잘 모릅니다.

□ 중요 표현 ▶▶▶

be used to ~에 익숙하다
be controlled by ~ ~에 의해 관리받는

▬ Intermediate

20-year-olds have the highest internet usage because that is the age demographic with the greatest familiarity with computers. The internet is an integral part of their lives as they use it to connect to others through SNS mediums, or use it to accomplish daily tasks such as email or even online shopping. They surpass the teens because their internet usage isn't restricted by their parents, and have the financial means to buy their own computers. 30-year-olds is the age demographic with conditions most similar to 20-year-olds, but their internet usage time is statistically restricted due to family responsibilities. And any age demographic older than 30's just didn't grow up with computers, so either they don't feel the need to use the internet so much, or have difficulty learning how to use it.

□ 해석 ▶▶▶

20대는 인구 통계학 상 컴퓨터와 가장 친밀하게 자란 연령이기 때문에 가장 높은 인터넷 사용량을 기록합니다. 그들이 SNS를 연결하거나 이메일 및 온라인 쇼핑을 하는데 하루 업무를 완성하는데 인터넷을 사용하면서 인터넷은 그들의 삶에 빼놓을 수 없는 부분이 되었습니다. 그들은 인터넷 사용에 있어 부모의 통제를 받지 않고, 그들 소유의 컴퓨터를 살 수 있는 경제적인 수입이 있기 때문에 10대를 뛰어넘는 인터넷 사용량을 가집니다. 30대

는 20대와 인구 통계학적으로 20대와 가장 비슷한 연령이지만, 그들은 가족에 대한 책임감 때문에 인터넷 사용 시간이 엄격히 제한됩니다. 또한 30대 이상의 연령은 컴퓨터와 자라지 않았기 때문에 인터넷을 사용할 필요성을 많이 느끼지 못하거나 사용하는 방법을 배우는데 어려움을 느낍니다.

□ **중요 표현** ▶▶▶

have difficulty ~ing ~을 하는데 어려움을 겪다

CHAPTER 04 막대 그래프(Bar Graph) 패턴 및 문제

STEP 01. 패턴 익히기

Let me explain this bar graph. This bar graph shows 주제. As you can see, the horizontal axis describes x축 설명. Also, the vertical axis represents y축 설명. Specifically, the highest one is 가장 높은 부분을 차지하는 것에 대한 설명. It is about 수치. On the other hand, the lowest one is 가장 낮은 부분을 차지하는 것에 대한 설명. It is about 수치. This is about my explanation of bar graph regarding 주제.

□ 해석 ▶▶▶

제가 이 막대 그래프를 설명하겠습니다. 이 막대 그래프는 주제를 나타냅니다. 당신이 보다시피, 이 수평축은 x축에 대한 설명을 나타냅니다. 또한, 수직 축은 y축에 대한 설명을 나타냅니다. 특히, 가장 높은 부분은 가장 높은 부분을 차지하는 것에 대한 설명입니다. 이것은 거의 수치입니다. 반면에 가장 늦은 부분은 가장 낮은 부분을 차지하는 것에 대한 설명입니다. 이것은 거의 수치 정도를 나타냅니다. 이것이 주제에 따른 바 그래프에 대한 제 설명입니다.

STEP 02. 기출문제 및 모범답안

Q Please describe this bar graph.

이 그래프를 묘사하세요.

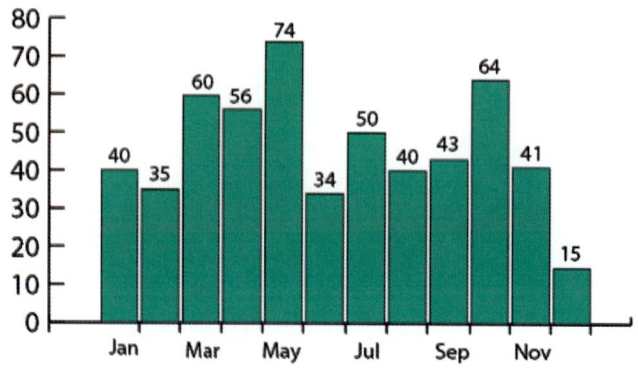

This bar graph is a chart demonstrating smoothie sales for the year of 1994. The horizontal axis represents the months of the year, and the vertical axis represents the number of smoothies sold. From the graph, we can tell that smoothies were most sold during the months of March, May, and October, with May scoring the highest sales with 74 units. As expected, the worst month for smoothie sales was during December with only 15 units being sold for the whole month. The remaining months had similar sales figures averaging 40 units per month.

☐ 해석 ▶▶▶

이 막대 그래프는 1994년도의 스무디 판매량을 나타내는 차트입니다. 수평축은 그 해의 달을 나타내고, 수직축은 스무디가 판매된 양을 나타냅니다. 그래프로부터, 우리는 3월, 5월, 10월에 스무디가 가장 많이 팔렸고 5월이 74를 기록하며 가장 많은 판매량을 기록하는 것을 알 수 있습니다. 예상대로 스무디 판매량이 가장 낮은 달은 한 달 동안 15밖에 판매되지 않은 12월입니다. 나머지 달들은 한 달 평균 스무디 판매량 40의 비슷한 판매량을 나타냅니다.

Follow-up Question

01 Why were smoothies sold the most during the month of May?

왜 5월에 스무디 판매량이 가장 많은가요?

Many delicious fruits are available in May, which **make up** for delicious smoothies, and also because people seek refreshing items during this time, which is the start of summer.

☐ 해석 ▶▶▶

왜냐하면 5월에는 맛있는 과일들이 많이 나와서 맛있는 스무디를 만들 수 있고, 또 사람들이 이 기간에 새로운 아이템을 찾기 때문입니다.

☐ 중요 표현 ▶▶▶

make up 만들다

STEP 03. 예상문제 및 모범답안

Q **Please describe this bar graph.**

이 그래프를 묘사하세요.

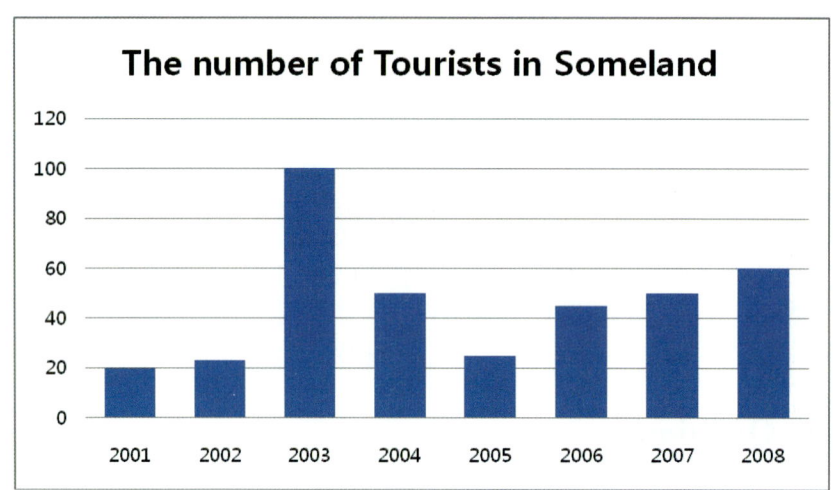

— Beginner

I will now analyze this bar graph. This bar graph represents the number of tourists in Someland. The bars represent each year and their height represents the number of tourists. The greatest number of tourists came in 2003 with 100 tourists. The least number of tourists came in 2001 with only 20 tourists. This is my analysis of the bar graph.

□ 해석 ▶▶▶

제가 이 막대 그래프를 분석해보겠습니다. 이 막대 그래프는 Someland의 관광객 수를 나타냅니다. 이 막대들은 각 년도를 가리키고 그들의 높이는 관광객들 수를 나타냅니다. 최다 관광객 수는 2003년에 100명의 관광객이 온 것 입니다. 최소 관광객 수는 2001년에 20명의 관광객만이 온 것 입니다. 이것이 저의 막대 그래프 분석입니다.

— Intermediate

This bar graph represents the number of tourists that arrived to Someland since the year 2001 till the year 2008. The greatest number of tourists arriving to Someland occurred in 2003 with about 100 tourists. The lowest number occurred in 2001 with only 20 tourists arriving. 2002 was almost the same, but after 2003, there was sharp decrease in the number of tourists for each consecutive year until the year 2005. Each following year showed a small but gradual increase in the number of tourists.

□ 해석 ▶▶▶

이 막대 그래프는 2001년부터 2008년까지 Someland에 방문한 관광객 수를 나타냅니다. Someland에 온 최다 관광객 수는 2003년에 약 100명의 관광객이 온 것 입니다. 최소 관광객 수는 2001년에 20명의 관광객만이 온 것입니다. 2002년도 거의 같지만 2003년 이후로는 2005년까지 연속적으로 관광객 수가 급격히 감소합니다. 그 후부터는 관광객 수가 작지만 점차적인 증가율을 보입니다.

Follow-up Question [01~02]

01 What caused the increase in the influx of tourists in 2003?

왜 2003년에 관광객이 늘어났는가?

Beginner

There are several possible reasons for the sharp increase of tourists in 2003. One could be a very effective advertising campaign. Another cause might be the exchange rate which made it really cheap for the tourists to visit Someland. One final reason might be that some other factor made it inconvenient to travel to other popular tourist sites.

□ 해석 ▶▶▶

2003년의 관광객 급증에는 여러 가능한 원인이 있습니다. 한 가지는 매우 효과 있는 광고 캠페인 덕분일 수 있습니다. 다른 원인은 관광객들이 매우 저렴하게 Someland에 방문할 수 있는 환율의 변화입니다. 마지막 원인은 다른 인기 있는 관광 장소들에 여행하기 불편한 요소들이 있었기 때문입니다.

Intermediate

There are several possibilities as to the tourist boom of 2003. One factor might be that it was the result of a very effective and persuasive advertising campaign for Someland. Another factor might be changes in the exchange rate which devalued Someland's currency against the tourists' native country's currency. One final possibility is that some other factor made it just not very worthwhile to travel to the other popular tourist destinations, such as war, disease, or natural disasters.

□ 해석 ▶▶▶

2003년에 관광객 붐이 일어난 데는 몇 가지 가능성이 있습니다. 한 가지는 매우 효과적이고 설득적인 Someland의 광고 캠페인의 결과입니다. 다른 요소로는 관광객들의 나라 통화에 대비해서 Someland의 통화 가치가 떨어지는 환율 변화가 일어났기 때문입니다. 마지막 가능성은 전쟁이나 병폐, 또는 자연 재해와 같은 이유로 다른 인기 있는 관광 명소들이 관광 가치가 떨어진 것입니다.

02 What is one method to develop the tourism industry?

관광 산업을 발전시킬 수 있는 방법은 무엇인가?

▬ Beginner

One way to develop or improve the tourism industry is to advertise very effectively. It could be possible that tourists don't come because they haven't really heard of, or know of, the location. A good advertisement can convince people to come visit that country.

▢ 해석 ▶▶▶

관광 산업을 발전시킬 수 있는 한 가지 방법은 광고를 매우 효율적으로 하는 것 입니다. 관광객들이 그 장소에 대해 들어보지 않았거나 알지 못했기 때문에 오지 못할 수도 있습니다. 좋은 광고로 사람들이 그 나라를 방문하도록 설득할 수 있습니다.

▬ Intermediate

One of the most effective ways of developing, or improving your tourism industry is to launch a very successful advertising campaign. When the correct visual cues are used, it can spark interest in the viewer. And if enough people are interested, that will persuade others to actually go visit that country.

▢ 해석 ▶▶▶

관광 산업을 발전시키는 가장 효과적인 방법 중 한 가지는 성공적인 광고 캠페인을 벌이는 것 입니다. 적당한 시각적 단서들이 사용되면, 이것은 시청자들의 흥미를 끌 수 있습니다. 또한 충분한 사람들이 흥미 있어 한다면, 그 나라를 실제로 방문하도록 다른 사람들을 설득할 수도 있을 것입니다.

Q Please describe this graph.

이 그래프를 묘사하세요.

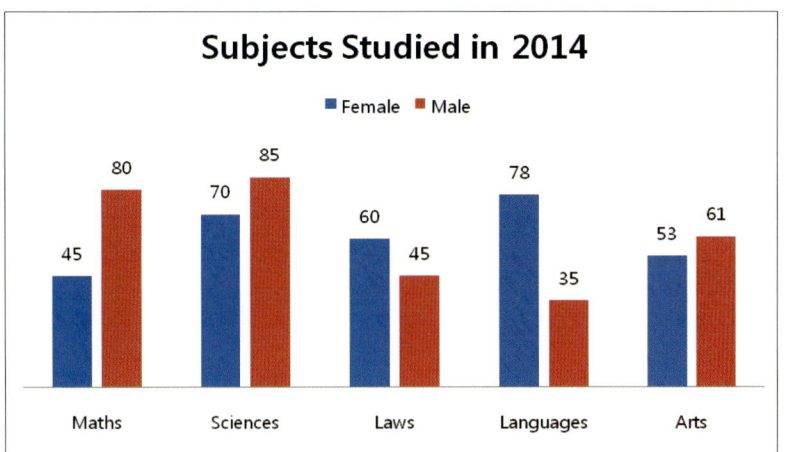

▬▬ Beginner

I will now explain this bar graph. This bar graph shows the number of males and female students that studied certain subjects in 2014. There are five pairs of bars, each pair representing a different subject. The subjects displayed are math, sciences, law, languages, and arts. The highest attendance by male students was in sciences with 85 while the least was in languages. In sharp contrast, the highest attendance by female students was in languages while the least was for math. This concludes my explanation of the bar graph.

□ 해석 ▶▶▶

지금부터 이 막대 그래프를 설명하겠습니다. 이 막대 그래프는 2014년에 특정 과목들을 공부한 남녀의 수를 보여줍니다. 5개의 막대가 있고, 각 막대는 다른 과목을 나타냅니다. 나와있는 과목은 수학, 과학, 법학, 언어학, 그리고 예술학 입니다. 가장 높은 남학생 출석률을 가진 과목은 85로 과학이고 언어학이 가장 낮습니다. 이와 정반대로, 가장 높은 여학생 출석률을 가진 과목은 언어학이고, 수학이 가장 낮습니다. 이것이 저의 막대 그래프 설명입니다.

□ 중요 표현 ▶▶▶

in sharp contrast 극명하게 대조적으로

▬▬ Intermediate

This bar graph displays the subjects studied in 2014 by the number of female and students. We can see that for female students, languages were the most popular subjects whereas math was the least popular. For male students, the sciences were the most popular subjects whereas languages were the least. The sciences had the highest attendance by both female and male students. Languages had the greatest disparity between female and male students while the arts had the closest attendance numbers by both female and male students.

□ 해석 ▶▶▶

이 막대 그래프는 2014년에 연구된 과목들을 남학생과 여학생의 수로 보여줍니다. 우리는 여학생들에게 언어학이 가장 인기 있는 과목이고 수학이 가장 인기 없는 과목인 것을 볼 수 있습니다. 남학생들에게는 과학이 가장 인기 있는 과목인 반면 언어학이 가장 인기 없는 과목입니다. 과학은 남녀학생 모두에게 가장 높은 출석률을 갖습니다. 언어학은 남학생과 여학생의 차이가 가장 크게 나타나는 반면, 예술학은 남학생과 여학생의 출석률 차이가 가장 작습니다.

Follow-up Question [01~03]

01 Why did the most female students study languages, and sciences for male students?

왜 여자는 언어를 가장 많이 공부했고, 남자는 과학을 가장 많이 공부했는가?

Beginner

I think many female students study languages because they find math and sciences very difficult. Similarly, many male students study sciences because they find it easier than the arts and languages.

□ 해석 ▶▶▶

저는 많은 여학생들이 수학과 과학이 매우 어렵기 때문에 언어학을 공부했다고 생각합니다. 비슷하게, 많은 남학생들은 과학이 예술학과 언어학보다 쉬웠기 때문에 과학을 공부합니다.

Intermediate

I think most female students picked languages because they had difficulties with math and sciences. Women have been culturally more creative than men, so it's not surprising that most women study either the arts or languages while in college. Likewise, men have been culturally better at math and sciences, and weaker with more creative subjects like arts and languages. So those subjects are more popular with male students.

□ 해석 ▶▶▶

저는 대부분의 여학생들이 수학과 과학에 어려움을 느껴서 언어학을 골랐다고 생각합니다. 여자들은 문화적으로 남자들보다 창의적이기 때문에, 여자들이 대학에서 예술학이나 언어학을 공부하는 것이 놀라운 일도 아닙니다. 마찬가지로, 남자들은 문화적으로 수학과 과학을 잘 하고 예술학이나 언어학과 같은 창의적인 과목에 약합니다. 따라서 수학과 과학은 남학생들에게 더 인기 있습니다.

□ 중요 표현 ▶▶▶

have difficulty with ~ ~로 어려움을 겪다

02 What was your favorite subject when you were a child?

당신이 어렸을 때 가장 좋아했던 과목은 무엇인가?

▬ Beginner

My favorite subject as a child was science. I loved learning about science and doing all the scientific experiments. It really made me more curious and I enjoyed learning the subject.

□ 해석 ▶▶▶

제가 어렸을 때 가장 좋아했던 과목은 과학이었습니다. 저는 과학에 대해 배우는 것과 과학적 실험을 하는 것을 매우 좋아했습니다. 그것은 저를 더욱 궁금하게 했고 그것을 배우는 것을 좋아했습니다.

▬ Intermediate

Science was my favorite subject when I was a child. Every topic covered in science class fascinated me and it really nurtured my curiosity. I loved learning about science, and I still do.

□ 해석 ▶▶▶

제가 어렸을 때 가장 좋아했던 과목은 과학입니다. 과학 수업시간에 다뤘던 모든 주제는 저를 사로잡았고, 제 호기심을 키웠습니다. 저는 과학에 대해서 배우는 것을 좋아했고, 지금도 그렇습니다.

03 Describe the educational system in Korea.

한국의 교육 시스템에 대하여 설명하시오.

Beginner

Up to middle school, Korean schools follow the same system as in America. However, middle school and high school are 3 years each in Korea. Another big difference is that high school students can only pick 3 universities to apply when **filling out** their college entrance level examinations.

☐ 해석 ▶▶▶

중학교까지는 한국의 학교도 미국과 같은 시스템을 따릅니다. 하지만, 한국은 중학교와 고등학교가 각각 3년으로 되어있습니다. 또 다른 큰 차이점은 고등학생들이 대학 입시 시험을 보고 3개의 대학 밖에 지원하지 못한다는 점입니다.

☐ 중요 표현 ▶▶▶

fill out 채워 넣다

Intermediate

The educational system in Korea is very similar to its western counterpart up to the end of elementary school. However in Korea, middle school and high school are both 3 years each, and not 2 and 4 as in America. Korean public schools have classes larger than those in the West as well. One final difference is that high school students can only select three universities to mail their college entrance examination results.

☐ 해석 ▶▶▶

한국의 교육 시스템은 서양의 교육 시스템과 초등학교까지는 매우 비슷합니다. 하지만 한국의 중학교와 고등학교는 미국처럼 2년, 4년이 아니라 각각 3년으로 되어 있습니다. 또한 한국의 공립학교는 서양보다 학급이 더 큽니다. 마지막 차이점은 고등학생들이 대학 입시 시험 후 대학에 지원할 때, 단지 3개의 대학을 선택해야 한다는 점입니다.

Q Please describe this graph.

이 그래프를 묘사하세요.

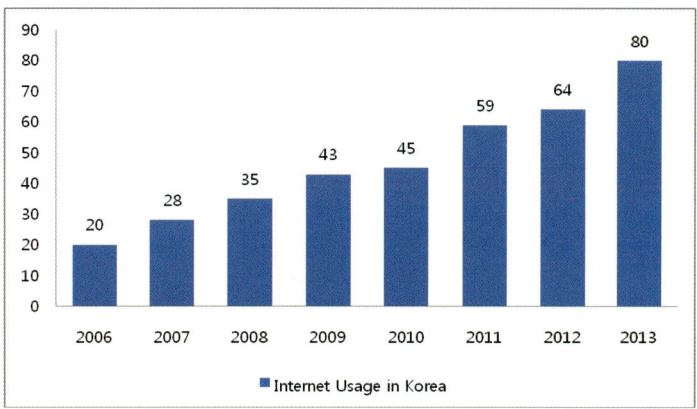

Beginner

I will describe this bar graph. This bar graph shows the annual internet usage for the period starting from 2008 up to 2013. Each bar represents total usage for each year. The lowest bar occurred in 2006 with an usage of 20. The highest bar occurred in 2013 with an usage of 80. In general, usage has been gradually increasing since 2006. This concludes my explanation of the bar graph.

□ 해석 ▶ ▶ ▶

이 막대 그래프를 설명해보겠습니다. 이 막대 그래프는 2008년부터 2013년까지 연간 인터넷 사용량을 보여줍니다. 각 막대는 그 해의 총 사용량을 나타냅니다. 가장 낮은 막대는 사용량 20인 2006년입니다. 가장 높은 막대는 사용량 80인 2013년입니다. 일반적으로, 2006년 이래로 사용량은 점차 증가하고 있습니다. 이것이 저의 막대 그래프 설명입니다.

Intermediate

This bar graph graphically depicts internet usage in Korea for an 8-year period. It can be drawn from the graph that internet usage in Korea has been steadily rising since 2006. In that year, usage was 20 but it had increased to 80 by the end of year 2013.
The increase in usage has been gradual with each year except for 2011 and 2013 when it jumped the most during the surveyed period.

□ 해석 ▶ ▶ ▶

이 막대 그래프는 8년간 한국의 인터넷 사용량을 그림으로 보여줍니다. 이 그래프에 그려진 것으로 보면, 2006년 이래 한국의 인터넷 사용량은 꾸준히 증가했습니다. 2006년에 사용량은 20이었지만 2013년도에는 80까지 증가했습니다. 사용량은 이 기간 동안 가장 많이 증가한 2011년과 2013년을 제외하면 점진적으로 매해 증가했습니다.

Follow-up Question [01~02]

01 Why did the internet usage increase?

인터넷 사용량은 왜 증가했는가?

Beginner

I think that internet usage increased because of three reasons. One reason is that a lot more businesses have online websites, such as shopping malls, and travel agencies. Another reason is that a lot more online games have become available. The third reason is that people have become more **addicted to** SNS services. All these factors can cause an increase in internet usage.

□ 해석 ▶▶▶

저는 인터넷 사용량이 세 가지 이유로 증가한다고 생각합니다. 첫째, 쇼핑몰이나 여행사를 포함해서 많은 사업들이 온라인 웹 사이트를 가지고 있기 때문입니다. 둘째는 더욱 많은 온라인 게임들이 생겼기 때문입니다. 셋째는 사람들이 SNS 서비스에 중독되어가기 때문입니다. 이러한 모든 요소들은 인터넷 사용량 증가를 유발할 수 있습니다.

□ 중요 표현 ▶▶▶

addicted to~ ~에 중독되다

Intermediate

I think there are two possible factors as to why internet usage has increased with each passing year. The first reason is that the technology that **makes use of** it has been improving. After the introduction of smart phones, people could now access the internet through mobile computing. Also, internet speeds are very fast in Korea, so doing anything through the internet takes only an instant. Another factor is that online services have exploded in numbers such as shopping malls, travel agencies, and even online gaming. These days there is no business that doesn't have its own website. The rise in popularity in SNS services is another example of such service. These two factors alone can explain for the rise of internet usage in Korea.

□ 해석 ▶▶▶

저는 해가 갈수록 인터넷 사용량이 증가하는 데는 두 가지 가능한 요소가 있다고 생각합니다. 첫 번째 이유는 인터넷을 사용하는 기술이 증가하기 때문입니다. 스마트폰이 출시되면서, 사람들은 이제 휴대폰으로 인터넷에 접근할 수 있게 되었습니다. 또한, 한국의 인터넷 속도는 매우 빠르기 때문에, 인터넷으로 무엇을 하든 바로 할 수 있습니다. 또 다른 요인은 쇼핑몰이나 여행사, 온라인 게임과 같은 온라인 서비스가 폭발적으로 늘어났기 때문입니다. 요즘 웹사이트 없는 기업은 없습니다. SNS 서비스의 인기 상승도 그러한 서비스의 한 예입니다. 이 두 가지 요소들로 한국의 인터넷 사용량 증가를 설명할 수 있습니다.

□ 중요 표현 ▶▶▶

make use of ~ ~을 이용하다

02 Describe the internet structure in Korea.

한국의 인터넷 시스템에 대하여 설명하시오.

Beginner

Internet service is very advanced in Korea. Almost every home in Korea has access to high speed internet like ASDL, and it's even the basic package when you call a provider to install internet access to your home. Almost all modem-based internet access is done through cables. Mobile computing uses cellular networks to connect to the internet. Smartphones can connect to the internet using LTE networks.

□ 해석 ▶▶▶

한국의 인터넷 서비스는 매우 발전했습니다. 한국의 거의 모든 가정에서 ADSL과 같은 고속 인터넷에 접근할 수 있고, 심지어 제공기관에 전화해서 집에 인터넷을 설치해달라고 하는 것이 기본 패키지입니다. 대부분의 모뎀 기반 인터넷 방식은 케이블로 바뀌었습니다. 모바일 컴퓨팅은 인터넷에 연결하기 위해 휴대폰 네트워크를 사용합니다. 스마트폰은 LTE 네트워크를 사용해서 인터넷에 연결할 수도 있습니다.

Intermediate

The internet infrastructure in Korea is one of the most advanced and fastest in the developed world. Almost every household and business establishment in Korea has access to a landline or wireless network. In almost every case, all connections are made with the fastest speeds and connections. Landlines are still the old metal wires, but Korea has been slowly transitioning to optical cables for several years now. Mobile devices can also access the internet using the fastest available cellular network technology, currently being LTE4.

□ 해석 ▶▶▶

한국의 인터넷 구조는 선진국 중 가장 발전되었고 속도가 가장 빠릅니다. 한국의 거의 대부분 가정과 기업에서는 지상 통신망이나 무선 네트워크에 접근할 수 있습니다. 대부분의 경우에 모든 연결은 가장 빠른 속도와 연결로 만들어집니다. 지상 통신방은 아직 오래된 금속 전선이지만, 한국은 몇 년간 조금씩 광학 전선으로 바꾸고 있습니다. 모바일 장치로도 지금은 LTE4인 가장 빠른 휴대폰 네트워크 기술을 사용해서 인터넷에 접근할 수 있습니다.

□ 중요 표현 ▶▶▶

access to ~ ~에 접근하다

CHAPTER 05

선 그래프(Line Graph) 패턴 및 문제

▪ STEP 01. 패턴 익히기

Let me explain this line graph. This line graph shows 주제. As you can see, the horizontal axis describes x축 설명. Also, the vertical axis represents y축 설명. Specifically, the highest one is 가장 높은 부분을 차지하는 것에 대한 설명. It is about 수치. On the other hand, the lowest one is 가장 낮은 부분을 차지하는 것에 대한 설명. It is about 수치. This is about my explanation of line graph regarding 주제

□ 해석 ▶▶▶

제가 이 라인 그래프를 설명하겠습니다. 이 라인그래프는 주제를 나타냅니다. 당신이 보다시피, 이 수평 축은 x축에 대한 설명을 나타냅니다. 또한, 수직 축은 y축에 대한 설명]을 나타냅니다. 특히, 가장 높은 부분은 가장 높은 부분을 차지하는 것에 대한 설명입니다. 이것은 거의 수치입니다. 반면에 가장 늦은 부분은 가장 낮은 부분을 차지하는 것에 대한 설명입니다. 이것은 거의 수치 정도를 나타냅니다. 이것이 주제에 따른 라인그래프에 대한 제 설명입니다.

▪ STEP 02. 기출문제 및 모범답안

Q Please describe this line graph.

이 그래프를 묘사하세요.

This line graph represents iPad sales figures for two years starting from the fourth fiscal quarter of 2003 till of fourth fiscal quarter of 2005. The vertical axis represents number of units sold and the horizontal axis represents each fiscal quarter. We can see from the graph that initially sales were very low with an average of 80,000 units being sold, and without showing much increase till the beginning of the third fiscal quarter of 2004. However from this point onwards, sales increased dramatically with about 163,000 units being sold at the start of the fourth quarter. It then skyrocketed 487,000 units being sold by the start of the first fiscal quarter of 2005. Sales have show down since then, but it is still showing noticeable rise and increase with 650,000 units being sold by the start of the fourth quarter of the 2005 fiscal year.

□ 해석 ▶▶▶

이 선형 그래프는 2003년 4분기부터 2005년 4분기까지 2년간의 iPad 판매량을 나타내고 있습니다. 수직축은 판매된 기기 수를 나타내고 수평축은 각 분기를 나타냅니다. 우리는 이 그래프를 통해 2004년 3분기에 판매량 급증이 보이기 전까지는 평균 80,000의 낮은 판매량을 기록한 것을 볼 수 있습니다. 하지만 이 3분기부터 판매량은 극적으로 증가해 4분기 시작점에는 163,000대가 판매되었습니다. 2005년 1분기에도 판매량은 매우 급증하여 487,000대가 판매되었습니다. 그 후 판매량 증가 속도는 늦춰졌지만, 2005년 4분기 시작점에는 650,000대의 판매량을 기록하며 아직도 눈에 띄는 상승세를 보이고 있습니다.

□ 중요 표현 ▶▶▶

skyrocket 급등하다
slow down 느려지다

Follow-up Question

01 **Why did sales of iPads skyrocket during the 4Q(fourth quarter) of the fiscal year 2003(2003 4Q ~ 2004 1Q)?**

2003년 4분기에 iPad 판매량이 급증한 원인은 무엇입니까?

Because Apple launched a new model of the iPad, and because of effective advertising.

□ 해석 ▶▶▶

Apple의 새 제품 출시와 효율적인 광고 때문입니다.

STEP 03. 예상문제

Q Please describe this line graph.

이 그래프를 묘사하세요.

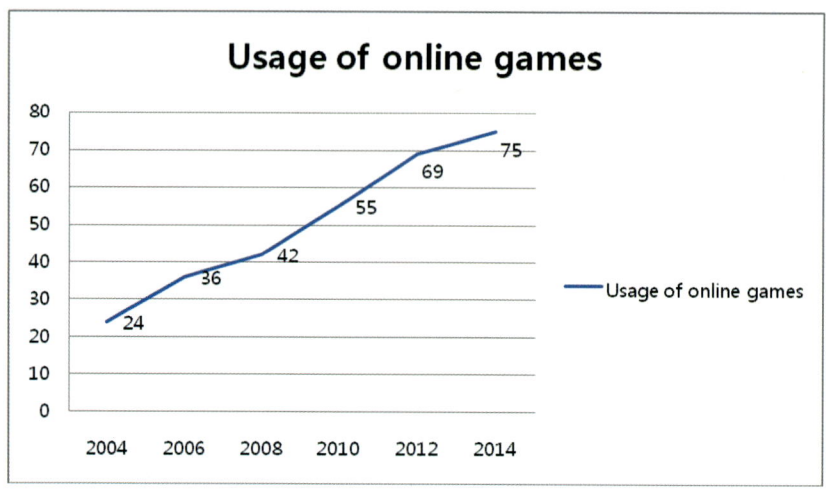

Beginner

I will elaborate on this line graph. This line graph denotes the usage of online games per year. The line graph starts with the year 2004 with 24 and it keeps rising almost evenly every year. The graph ends at year 2014 with 75. This is my elaboration on this line graph.

□ 해석 ▶▶▶

이 선형 그래프에 대해 자세히 말해보겠습니다. 이 선형 그래프는 매해 온라인 게임 사용량을 나타냅니다. 이 선형 그래프는 2004년에 24로 시작해서 매년 거의 균등하게 상승합니다. 이 그래프는 2014년에 75로 끝납니다. 이것이 저의 선형 그래프에 대한 상세 설명입니다.

Intermediate

This line graph illustrates online game traffic for the period starting from 2004 till 2014. The line graph starts at 24 in 2004 and shows a gradual and consistent increase with each year culminating with 75 at the end of 2014.

□ 해석 ▶▶▶

이 선형 그래프는 2004년부터 2014년까지 기간 동안의 온라인 게임 사용량을 그리고 있습니다. 이 선형 그래프는 2004년에 24로 시작하고 매해 점진적이고 꾸준한 증가를 보이며 2014년에는 75로 끝납니다.

Follow-up Question [01~04]

01 Why did online game usage increase?

왜 온라인 게임 사용량은 늘어나는가?

Beginner

I think online game usage increased because of better technology. Better computers and faster internet connections both make online gaming much more entertaining and exciting. Also better computers usually mean better graphics, and more engaging userfaces.

□ 해석 ▶▶▶

저는 온라인 게임 사용량의 증가의 원인이 기술의 발전이라고 생각합니다. 더 좋은 컴퓨터와 더 빠른 인터넷 연결은 모두 온라인 게임을 더욱 즐겁게 할 수 있도록 합니다. 또한 컴퓨터가 좋을수록 그래픽도 좋습니다.

Intermediate

I think that there has been a steady increase of usage for online games due to improvements in technology. Computers and notebooks have been **making huge strides in terms of** processing power, better graphics, and faster internet connections. All these factors contribute to making online games much more stimulating and addictive. Also with every new generation of computers, the previous one's price becomes heavily discounted. As such, circumstances allow for people to access online games in a very convenient, affordable, and flexible way.

□ 해석 ▶▶▶

저는 온라인 게임 사용의 꾸준한 증가는 기술의 발전 때문이라고 생각합니다. 컴퓨터와 노트북은 처리 능력과 더 좋은 그래픽, 더 빨라진 인터넷 연결이라는 측면에서 굉장한 발전을 해왔습니다. 이러한 요소들은 온라인 게임을 훨씬 자극적이고 중독적으로 만드는데 일조합니다. 또한 매번 컴퓨터 새 제품이 출시될 때마다, 이전 모델의 가격은 많이 할인됩니다. 이러한 환경들은 사람들이 온라인 게임을 굉장히 편리하고, 경제적이며 유동적인 방법으로 접근할 수 있도록 합니다.

□ 중요 표현 ▶▶▶

make huge strides 크게 걸음을 내딛다, 크게 발전하다
in terms of ~ ~의 측면에서

02 Describe the advantages and disadvantages of online games.

온라인 게임의 장점과 단점을 설명하시오.

Beginner

The advantage of an online game is I don't need to buy a separate installation CD. Also, online games allow for multiplayer games more easily. The disadvantage of online games is that installation files are usually very big, and you have to check for security updates often because you are connected online.

□ 해석 ▶▶▶

온라인 게임의 장점은 따로 설치 CD를 구매하지 않아도 된다는 것 입니다. 또한, 온라인 게임은 멀티플레이어 게임을 더욱 쉽게 할 수 있습니다. 온라인 게임의 단점은 설치 파일의 크기가 보통 매우 크고, 온라인 연결이 되어 있기 때문에 종종 보안 업데이트를 확인해야 한다는 점입니다.

Intermediate

The biggest advantage of an online game is that you don't need to physically go to a physical location to purchase the game. It can be done online. As such you don't need to bother with installation CD's. Another advantage of online games is that all your game saves are saved online as well. Finally one last advantage is that it is very easy to play games with other players. One of the biggest disadvantages of an online game is all the necessary security updates that have to be installed on a regular basis. Online gaming means that your computer needs to be connected to the internet, and that means you are in the danger of **getting hacked** by someone.

□ 해석 ▶▶▶

온라인 게임의 가장 큰 장점은 당신이 게임을 구매하기 위해 몸을 움직이지 않아도 된다는 점입니다. 그것은 온라인으로 할 수 있습니다. 설치 CD에 신경 쓸 필요가 없습니다. 온라인 게임의 또 다른 장점은 당신이 저장해놓은 게임이 모두 온라인에도 저장되는 것입니다. 마지막 장점은 다른 사용자들과 함께 게임을 하기 매우 쉽다는 점입니다. 온라인 게임의 가장 큰 단점 중 하나는 주기적으로 보안 업데이트를 확인해야 하는 것입니다. 온라인 게임을 하는 것은 당신의 컴퓨터가 항상 인터넷에 연결되어 있다는 것을 의미하고, 그것은 누군가에게 해킹 당할 위험이 있다는 것을 의미합니다.

□ 중요 표현 ▶▶▶

get hacked 해킹당하다

03 What is a popular online game these days?

요즘 가장 유명한 온라인 게임은 무엇인가?

Beginner

League of Legends is one of the most popular online games these days. It is an RTS (real-time strategy) game. You control champions to **take over** your opponent's flag.

□ 해석 ▶▶▶

요즘 가장 인기 있는 온라인 게임 중 하나는 League of Legends 입니다. 이것은 실시간 전략 게임입니다. 당신은 상대팀의 깃발을 빼앗기 위해 전사들을 조종해야 합니다.

□ 중요 표현 ▶▶▶

take over 탈취하다

Intermediate

There are several online games which are popular now, but the most popular game is League of Legends(LOL). It is an RTS(real-time strategy) game. This game is enjoyed by both young students and adults. It is basically a fantasy version of Capture the Flag game. The aim of the game is to destroy the other team's flag by guiding your champions.

□ 해석 ▶▶▶

요즘 유명한 온라인 게임은 몇 가지 있지만 그 중에서도 가장 인기 있는 것은 League of Legends입니다. 이것은 실시간 전략 게임 입니다. 이 게임은 어린 학생들과 성인들이 모두 즐겨 합니다. 이것은 기본적으로 Capture the Flag 게임의 판타지 버전입니다. 이 게임의 목적은 당신의 챔피언을 이끌어서 다른 팀의 깃발을 파괴하는 것입니다.

04 What are some difference between the game industry in the past and the current gaming industry?

과거와 현재의 게임 산업의 다른 점은 무엇인가? 비교하시오.

Beginner

I think there is a big difference between the gaming industry in the past, and the present. In the past, gaming was more centered on board games and actual physical toys. But now, the gaming industry is more **filled with** computer-based, games such as consoles and mobile games.

□ 해석 ▶▶▶

저는 과거의 게임 산업과 현재 게임 산업에 큰 변화가 있었다고 생각합니다. 과거에는, 게임이 보드게임이나 실제 신체적인 장난감들에 중점이 맞춰져 있었습니다. 하지만 현재 게임 산업은 좀더 컴퓨터 기반의 온라인 게임으로 이루어져 있습니다.

□ 중요 표현 ▶▶▶

fill with ~   ~으로 가득 차다

Intermediate

The biggest difference between the gaming industry now with what it was in the past, is the advent of the personal computer. In the past, gaming was more centered on physical toys like board games, figurines, or card games. However now games have become more computer-based games like game consoles or online games.

□ 해석 ▶▶▶

과거의 게임 산업과 현재 게임 산업 사이에 가장 큰 차이점은 개인 컴퓨터의 출현입니다. 과거에는, 게임이 보드게임이나 인형, 카드게임과 같은 신체적 장난감에 중점을 두고 있었습니다. 하지만 현재의 게임은 좀더 게임 콘솔이나 온라인 게임처럼 컴퓨터 기반의 게임들로 되어있습니다.

□ 중요 표현 ▶▶▶

centered on ~   ~에 집중되다

Q Please describe this graph.
이 그래프를 묘사하세요.

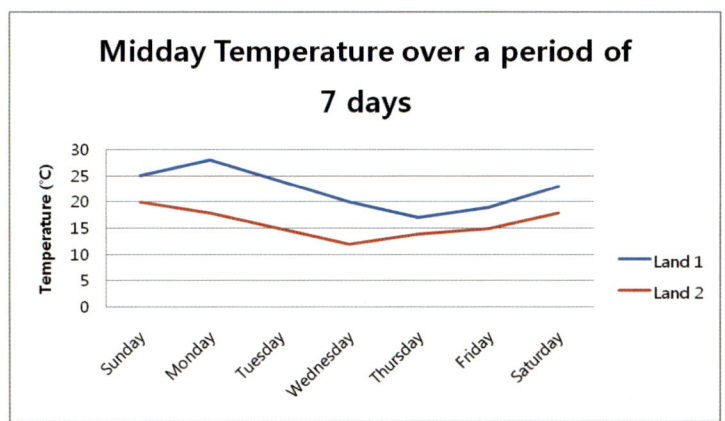

Beginner

I will explain this line graph. These lines mark the midday temperatures over a 7 day period for two different locations. The horizontal axis shows the days starting from Sunday and ending on Saturday. The vertical axis shows the temperatures reached. The temperatures are for two different lands. The highest midday temperature was reached by Land 1 on Monday with temperatures of 27 degrees. The lowest midday temperature was reached by Land 2 on Wednesday with a temperature of 12 degrees. This ends my explanation of this line graph.

□ 해석 ▶▶▶

이 선형 그래프를 설명하겠습니다. 이 선은 7일 동안 정오의 기온을 표시합니다. 수평축은 일요일부터 시작해서 토요일로 끝나는 요일을 보여줍니다. 수직축은 기온을 나타냅니다. 두 개의 다른 지면의 기온입니다. 지면 1의 가장 높은 정오 기온은 27도로 월요일입니다. 지면 2의 가장 낮은 정오 기온은 12도로 수요일 입니다. 이것이 저의 선형 그래프 설명입니다.

Intermediate

This is a line graph that denotes the midday temperatures reached during a 7 day period for 2 different lands. The highest midday temperature attained was by Land 1 on Monday with a temperature of about 27 degrees. The lowest midday temperature was experienced by Land 2 on Wednesday with temperatures dropping to 12 degrees.

□ 해석 ▶▶▶

이 선형 그래프는 7일 동안 두 개의 다른 지면에서의 정오 기온을 보여줍니다. 가장 높은 정오 기온은 지면 1의 월요일 기온으로 27도입니다. 최저 정오 기온은 수요일 지면 2의 기온으로, 12도로 떨어졌습니다.

Follow-up Question [01~02]

01 Please compare and contrast two graphs.

두 그래프를 비교 및 대조하세요.

Beginner

Overall both Land 1 and Land 2 have similar line graphs. They both started with high temperatures on Sunday which kept dropping until the midweek before going back up. In contrast, Land 1 usually had higher temperatures than Land 2. However Land 1 temperatures dropped for one more day than for Land 2 before rising again.

□ 해석 ▶▶▶

전체적으로 지면 1과 지면 2는 비슷한 선형 그래프를 갖고 있습니다. 그들은 모두 일요일에는 높은 기온으로 시작하다가 주중에 다시 상승하기 전까지는 기온이 하강합니다. 반면에, 지면 1은 보통 지면 2보다 기온이 높습니다. 하지만 지면 1은 지면 2의 기온이 오른 날에도 하루 더 기온이 하강했습니다.

Intermediate

Overall, Land 1 and Land 2 had similar line graphs. They both started high at the beginning of the period, and then temperatures started dropping until mid-week. After this point both Lands experienced rising temperatures. However, Land 1 had generally higher midday temperatures than Land 2. In addition, Land 1 experienced a spike in temperatures before it started dropping whereas for Land 2, the temperatures just immediately started dropping. Land 2 experienced its lowest midday temperature on Wednesday, whereas Land 1 experienced it on Thursday.

□ 해석 ▶▶▶

전체적으로, 지면 1과 지면 2는 비슷한 선형 그래프를 가집니다. 그들은 모두 기간의 시작점에서는 높은 기온으로 시작하다가 주중까지는 기온이 하강합니다. 그 시점이 지나면 두 지면의 기온은 모두 상승합니다. 하지만, 지면 1의 기온이 일반적으로 지면 2의 기온보다 높습니다. 게다가, 지면 1은 기온이 하강하기 시작하기 전에 최고 기온을 경험하는 반면, 지면 2의 기온은 바로 떨어지기 시작합니다. 지면 2는 수요일에 최저 정오 기온을 갖고 지면 1은 목요일에 갖습니다.

02 Describe the weather of your country.

당신 나라의 계절을 설명하시오.

Beginner

Korea has four seasons during the year. Spring is usually the shortest season, and winter seems to be the next shortest season. Summer and fall tend to be longer in Korea. During winter it can get very cold however, it only snows a few times during the winter. Summers are hot and very humid as well.

□ 해석 ▶▶▶

한국은 1년에 사계절을 갖습니다. 봄이 보통 가장 짧은 계절이고, 그 다음은 겨울입니다. 여름과 가을은 한국에서 좀 더 긴 경향이 있습니다. 겨울 동안은 매우 춥지만 눈은 몇 번밖에 내리지 않습니다. 여름은 매우 덥고 습합니다.

Intermediate

The Korean peninsula experiences all four seasons throughout the year. Spring is usually the shortest season as it quickly transitions into summer temperatures. Summers **tend to be** very hot and humid at its peak. This could last about a month or so. The rainy season also occurs in the summer. Fall is personally the best time to be in Korea. The temperatures are comfortable, and the weather is beautiful. Winters are also relatively short lasting one to two months. This could be different according to location, but in general, temperatures can drop below freezing during winter however it snows only occasionally.

□ 해석 ▶▶▶

한반도는 1년에 걸쳐서 4개의 계절을 경험합니다. 봄은 매우 빠르게 여름 기온으로 바뀌면서 보통 가장 짧은 계절입니다. 여름은 굉장히 덥고 습합니다. 이 상태는 한 달에서 그 이상 지속될 수도 있습니다. 여름에는 장마도 있습니다. 가을은 개인적으로 한국에서 가장 좋아하는 시간입니다. 편안한 기온이고 날씨도 좋습니다. 겨울도 한 달에서 두 달로 비교적 짧습니다. 지역에 따라 다르지만 일반적으로는 겨울에 기온이 영하까지 떨어집니다. 하지만 눈은 가끔만 내립니다.

□ 중요 표현 ▶▶▶

tend to be ~ ~한 경향이 있다

03 Compare and contrast summer and winter in your country.

당신 나라의 여름과 겨울을 비교하시오.

▬▬ Beginner

Summer and winter have only a few similarities in Korea. The biggest similarity is that those are the seasons with the greatest electrical consumption. During the summer it is because of air conditioning, and during the winter, it is from heating. Another similarity is that there are specific dishes with red bean that are usually popular during that season. In winter, the hot red bean gruel becomes available in most restaurants whereas in the summer, the ice bingsoo desert becomes very popular nationwide. However there are more differences than similarities between summer and winter. Summers can be very hot and humid at their worst, and it is the very opposite for winter. Korean winters are very cold and dry. Obviously what people wear is very different during winter and summer. Korea is still very traditional so men will still wear pants and sleeved shirts during the summer. During winter, most people wear parkas for warmth. Because winters are very windy, almost everyone will wear a scarf, but not a beanie hat. During the summer Koreans love to go to the beach or to water amusement parks. During the winter those parks turn into skiing resorts, so people come back for skiing and snowboarding. These are the similarities and differences between summer and winter.

□ 해석 ▶ ▶ ▶

여름과 겨울은 한국과 몇 가지만 비슷합니다. 가장 큰 유사점은 그 계절에 가장 전력 소비량이 많다는 것 입니다. 여름에는 에어컨 때문이고 겨울에는 난방 때문입니다. 또 다른 유사점은 이 계절에 팥으로 만든 특정 음식이 가장 인기 있다는 것입니다. 겨울에는 대부분의 음식점에서 팥죽이 나오고, 여름에는 전국적으로 얼음 빙수 디저트가 매우 인기있습니다. 하지만 여름과 겨울에 유사점보다는 차이점이 더 많습니다. 여름에는 매우 덥고 습하고, 겨울에는 정 반대입니다. 한국의 겨울은 굉장히 춥고 건조합니다. 확실히 여름과 겨울에 사람들의 옷차림도 매우 다릅니다. 한국은 아직도 매우 전통을 따르기 때문에 여름동안 남자들은 여전히 바지와 소매가 있는 셔츠를 입습니다. 겨울에는 따뜻함을 위해 사람들은 파카를 입습니다. 겨울에는 바람이 매우 많이 불기 때문에 대부분의 사람들이 스카프를 매지만 비니 모자는 쓰지 않습니다. 여름에 한국인들은 해변이나 물놀이공원에 가는 것을 좋아합니다. 겨울에는 이 놀이공원들이 스키 타는 곳으로 바뀌기 때문에 사람들은 스키와 스노우보드를 타러 다시 옵니다. 이것이 여름과 겨울의 유사점과 차이점입니다.

▬▬ Intermediate

There are only a few note-worthy similarities between summer and winter. The first is that these are the seasons with the greatest electrical consumption.

During the summer people tend to overuse their air conditioners, whereas in the case of winter, it is the electrical heaters. Another similarity is that each season has foods and fruits associated with each respective season. For example, summer is associated with watermelons and bingsoo, a red bean shaved ice dessert. In winter, it is baked sweet potatoes and red bean gruel. However there are more differences to note between the summers and winters in Korea. The summers are usually very hot and humid, and usually it's the humidity that most people have a hard time coping with. It is literally quite the opposite when it comes to winter. Winters are very cold and thus dry as well. Although the temperatures can drop to well below freezing point, the hardest thing to cope with is the wind. It's surprising it doesn't snow that often during the winter, but that may be different depending on the region. However Koreans struggle most with the strong icy gusts during the winter. Seasonal activities differ greatly as all. During the summer many families go to the beach or to the mountain to escape the heat. During the winter, a lot of families will travel to nearby countries in Southeast Asia to escape the cold. During the summer, visits to water parks skyrocket, but come winter, those very same locations turn into ski resorts and attract vacationers in that way.

☐ 해석 ▶▶▶

여름과 겨울에는 주목할 만한 유사점이 몇 가지 밖에 없습니다. 첫째, 이 계절의 전력 소비량이 최대라는 점입니다. 여름에는 사람들이 에어컨을, 겨울의 경우에는 전기 난로를 과도하게 사용하는 경향이 있습니다. 또 다른 유사점으로는 각 계절에 나는 과일과 연관된 음식이 있다는 점입니다. 예를 들면, 여름은 수박과 갈린 팥이 들어간 얼음 디저트인 빙수와 연관되어 있습니다. 겨울에는 군고구마와 팥죽이 있습니다.
하지만 한국의 여름과 겨울에는 차이점이 더 많습니다. 여름은 보통 매우 덥고 습하며 보통 습기는 사람들이 가장 견디기 힘들어 합니다. 이것은 겨울이 되면 말 그대로 정반대가 됩니다. 겨울은 매우 춥고 건조합니다. 기온이 영하로 떨어진다고 해도, 가장 견디기 힘든 것은 바람입니다. 놀랍게도 겨울에 눈이 자주 오지는 않지만, 이것은 지역에 따라 다릅니다. 하지만 한국인들은 겨울의 얼음장 같은 돌풍과 가장 많이 싸웁니다. 계절 활동도 굉장히 다릅니다. 여름에는 많은 가족들이 더위에서 벗어나기 위해 해변이나 산으로 갑니다. 겨울에는 많은 가족들이 추위를 피하기 위해 가까운 동남아시아의 나라로 여행을 갑니다. 여름에는 워터 파크의 방문율이 매우 높지만, 겨울에는 그 워터 파크가 스키 리조트로 바뀌고 방문객들을 유혹합니다.

☐ 중요 표현 ▶▶▶

be associated with ~ ~와 연관되다
have a hard time ~ing ~하는데 어려움을 겪다
when it come to ~에 관한 한
turn into ~로 바뀌다
cope with ~ ~에 대처하다, 대항하다

Q Please describe this graph.

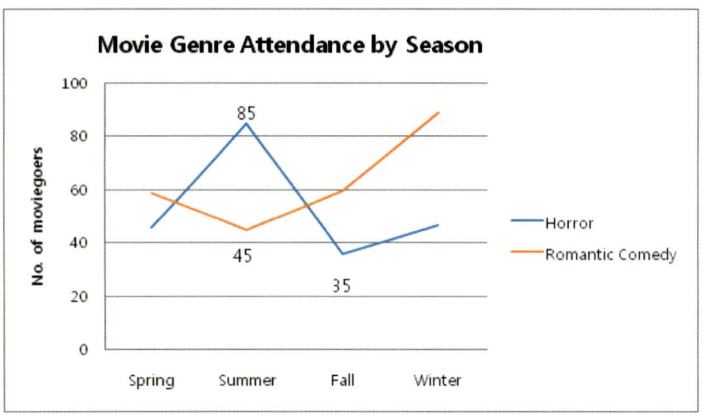

Beginner

I will interpret this line graph. This line graph depicts the number of moviegoers that have watched two genres of movies during each season during the year. The two genres of movies are horror movies and romantic comedies. From the horror movie's graph, we can see that summer was the most popular season for horror movies with 85 moviegoers whereas fall was the most unpopular time with only 35 moviegoers. For romantic comedies, winter was the most popular time for such movies with about 90 moviegoers and summer was its most unpopular season with 45 moviegoers. This is my interpretation of this line graph.

□ 해석 ▶▶▶

이 선형 그래프를 해석해보겠습니다. 이 선형 그래프는 각 계절 동안 두 가지 장르의 영화를 보러 영화관에 오는 사람들의 수를 나타냅니다. 두 개의 장르는 공포와 로맨틱 코미디입니다. 공포 영화의 그래프를 보면, 여름은 공포 영화에 가장 인기 있는 계절로 85명의 사람들이 보러 오는 반면, 가을은 35명으로 가장 인기가 없는 계절인 것을 알 수 있습니다. 로맨틱 코미디는 약 90명의 사람들이 영화를 보러 오는 겨울이 가장 인기 있는 기간이고, 45명의 사람들이 오는 여름이 가장 인기 없는 계절입니다. 이것이 이 선형 그래프에 대한 저의 해석입니다.

Intermediate

In this line graph, the popularity of two movie genres have been tabulated by noting attendance according to season. According to the line graph, horror movies were most popular during the summer season, with a recorded attendance of 85 moviegoers. The least popular time for horror movies was during the following season, fall, with an attendance of only 35 moviegoers. For romantic comedies, winter was the most popular season with over 85 moviegoers that have attended. Its least popular time of the year was during the summer with only an attendance of 45 moviegoers.

□ 해석 ▶▶▶

이 선형 그래프는 두 영화 장르의 계절에 따른 인기도를 그래프로 나타낸 것입니다. 이 그래프에 따르면, 공포 영화는 85명의 관람객을 기록하는 여름에 가장 인기가 많습니다. 그 다음 계절인 가을은 35명의 관람객만이 오는, 공포 영화에 가장 인기 없는 계절입니다. 로맨틱 코미디는 85명이 넘는 사람들이 오는 겨울에 가장 인기 있습니다. 로맨틱 코미디가 1년 중 가장 인기 없는 기간은 여름으로 45명의 관람객만 왔습니다.

Follow-up Question [01~02]

01 Please compare and contrast two graphs.

Beginner

I shall now compare and contrast the two line graphs. Both graphs kept **climbing towards** their peak points after fall. Besides this, the two graphs didn't show any other similarities. They had opposing attendance figures during the summer, and they moved in opposite directions during the period right before and after the summer. This concludes my comparison and contrast of the two line graphs.

□ 해석 ▶▶▶

지금부터 이 두 선형 그래프를 비교 및 대조해보겠습니다. 두 그래프는 가을 이후에 각 그래프의 최고점을 향해 계속해서 증가합니다. 이 외에는 두 그래프에 어떤 다른 유사점이 보이지 않습니다. 그들은 여름 동안 매우 반대의 참석자 수를 가지고, 여름의 직전과 직후에 반대 방향으로 움직입니다. 이것이 제가 두 선형 그래프를 비교 및 대조한 것입니다.

□ 중요 표현 ▶▶▶

climb toward ~ ~을 향해서 올라가다

Intermediate

The two line graphs reflected more differences than similarities in their properties. The only similarity exhibited was that they both tended to rise after the start of fall and kept climbing until the end of winter. However, at all other points, they exhibited diametrically opposite tendencies. When one was climbing, the other graph was descending and **vice-versa**. Summer was also where it peaked for horror movies, and was the lowest trough for romantic comedies.

□ 해석 ▶▶▶

이 두 선형 그래프는 구조상 유사점보다는 차이점을 더 많이 나타냅니다. 유일한 유사점은 그들 모두 가을이 시작할 때 증가하고 겨울이 끝날 때까지 오르는 경향이 있는 것입니다. 하지만, 다른 모든 지점에서 그들은 전혀 다른 양상을 띕니다. 한 그래프가 증가하면 반대로 다른 그래프는 감소하고, 반대의 경우도 마찬가지입니다. 여름은 공포 영화의 최고점과 로맨틱 코미디의 최저점을 모두 찍는 계절입니다.

□ 중요 표현 ▶▶▶

vice-versa 반대로, 역으로

02 Which do you prefer? Horror or romantic comedy?

당신은 공포 영화와 로맨틱 영화 중 무엇이 더 좋습니까?

Beginner

I prefer horror movies because romantic comedies seem so childish to me. Everything is too perfect and the characters are too lucky in romantic comedies. Also, the concept of love in such movies seems too ideal and one-sided. Horror movies are much more fun and thrilling to me. Horror movies are fictional, but at least no one will confuse horror movies with real life.

□ 해석 ▶▶▶

저는 로맨틱 코미디가 제게는 유치해 보이기 때문에 공포 영화를 더 좋아합니다. 로맨틱 코미디에서는 모든 것이 완벽하게 들어맞고 인물들이 너무나 운이 좋습니다. 또한, 그런 영화에서 사랑의 개념은 너무 이상적이고 편파적이게 보입니다. 저에겐 공포 영화가 훨씬 재미있고 스릴 있습니다. 공포 영화는 허구적이지만, 최소한 사람들이 공포 영화와 실제 삶을 혼동하지는 않습니다.

Intermediate

I prefer to watch horror movies because I'm very cynical of love. Romantic comedies portray love a bit too idealistically and conveniently. Towards the end of such movies, everything just works out fine, which isn't always the case in real life. It also seems very woman-centric, and too one-sided when it comes to who's putting in the effort and patience to seduce the other partner. As such, I don't really enjoy watching romantic comedies. Horror movies aren't realistic either, but at least horror movies never portray life as being so unrealistically clean-shaven and rosy. So if I had the choice, I'd choose to watch a horror movie over a romantic comedy.

□ 해석 ▶▶▶

저는 사랑에 매우 냉소적이기 때문에 공포영화 보는 것을 선호합니다. 로맨틱 코미디는 사랑을 너무 이상적이고 편리하게 그려냅니다. 영화의 결말 전에, 모든 것이 다 좋게 풀리지만 이것은 실제 삶에서 항상 일어나는 경우는 아닙니다. 또한 로맨틱 코미디는 굉장히 여성 중심적이고 상대방을 유혹하려고 노력과 인내를 기울이는 사람에 관해서는 너무 일방적입니다. 공포 영화도 역시 사실적이지는 않지만, 적어도 공포 영화는 절대 인생을 그렇게 비현실적으로 깔끔하고 장밋빛처럼 아름답게 묘사하지는 않습니다. 따라서 제가 선택을 한다면, 저는 로맨틱 코미디 보다 공포 영화를 선택하겠습니다.

□ 중요 표현 ▶▶▶

when it comes to ~ ~에 관해서는

03 영화 산업이 직면해 있는 문제점에 대해 이야기하시오.
What is the biggest problem facing the movie industry today?

Beginner

The biggest problem facing the movie industry today is illegal downloading. It is easy to torrent files of pirated movies and to simply download them without paying any money after the DVD versions are released It is hard to control what is put on the internet, especially if the uploader is in a different country. Even if movie companies put some programs on their DVD's so it can't be copied, some hacker will quickly find a way to get around it. This problem will become especially significant as more and more movies **go completely digital.**

□ 해석 ▶▶▶

현재 영화 산업이 직면해있는 가장 큰 문제점은 불법 다운입니다. 영화가 DVD 버전으로 나오면 토렌트 파일을 찾는 것은 쉽고, 어떠한 돈을 지불하지 않고도 그것을 내려 받습니다. 특히 업로더가 다른 나라에 있으면, 인터넷에 올리는 것을 단속하는 것은 매우 어렵습니다. 영화사들이 DVD에 복사하지 못하게 프로그램을 깔아놔도, 해커들이 빠져나갈 방법을 찾을 것입니다. 이것은 점점 더 많은 영화들이 디지털화 되고 있기 때문에 특히나 중요합니다.

□ 중요 표현 ▶▶▶

go digital 디지털화 되다

Intermediate

Without a doubt, one of the biggest issues still troubling the movie industry is the illegal copying, distribution, and downloading of pirated movies. This is especially significant issue now as more and more movies are going digital. Although many torrent sites have been taken down, new ones always appear to take its place. This is obviously a problem to movie companies as no fees are paid to them to download their movies. There are even sites now that show movies in their entirety as VOD, or through streaming. I doubt that movie companies will ever be given so much voice and power that they will be able to completely control the internet and police what is uploaded or not. Even if they do find a way to prevent illegal copying of the file, a hacker will soon find a way to circumvent it. Also, not many people think it's wrong to download pirated movies. The movie industry will have to change people's attitudes before any real progress can be made.

해석 ▶▶▶

의심할 여지도 없이, 영화 산업이 처해있는 가장 큰 문제는 불법 복사된 영화들을 불법적으로 복제하고 배급하여 내려 받는 것입니다. 이것은 현재 점점 더 많은 영화들이 디지털화 되고 있기 때문에 특히 중요합니다. 비록 많은 토렌트 사이트들이 차단되었지만, 그것을 대체할 새로운 사이트들은 항상 나타납니다. 그들의 영화를 내려 받을 때 어떤 요금도 받지 못하기 때문에 이것은 영화사에도 큰 문제입니다. 요즘은 심지어 영화 전체를 VOD나 스트리밍으로 보여주는 사이트도 있습니다. 저는 영화사가 무엇이 업로드되었고 안되었는지 인터넷과 경찰을 완벽하게 통제할 수 있을만한 목소리(역량)와 힘이 있을지 의심스럽습니다. 만약 그들이 파일을 불법적으로 복제하는 것을 막는 방법을 찾는다면, 해커들이 곧 그것을 피해갈 방법을 찾을 것입니다. 또한, 많은 사람들이 불법 복사된 영화를 내려 받는 것이 잘못된 일이라고 생각하지 않습니다. 영화 산업이 어떤 식으로 진보를 하기 전에 사람들의 태도를 바꿔야 할 것입니다.

중요 표현 ▶▶▶

take down 꺾다, 철거하다
find a way 방법을 찾아내다
circumvent 피하다

CHAPTER 01. 소개 및 전략

CHAPTER 02. 기출문제 및 표현

Part 9
듣고 요약하기
(Summary)

CHAPTER 01 소개 및 전략

소개

Summary(요약) 유형은 시험관이 직접 30~40초 분량의 글을 읽어주고 요약하는 형식의 문제이다. 이 때, 글을 두 번 들려준다. 첫 번째 들을 때 전체 내용을 잘 듣고, 두 번째 들을 때는 핵심 포인트 부분만을 짚어내어 암기한 후 답변하는 것이 좋다.

많은 응시자들이 가장 어려워하는 파트이다. 듣기 실력과 답변 능력 모두 평가되기 때문이다. 특히 평소 듣기 실력이 좋지 않은 경우엔 문제에 대한 이해력이 떨어지기 때문에 답변을 못하게 되는 경우가 많다. 하지만 이 때, 한 마디도 안 하고 문제를 넘기는 것보다 들을 수 있었던 키워드를 언급함으로써 점수를 받아야 한다.

요약문제에서는 Follow-up Questions이 항상 따라 붙는다. 평소에 영어 뉴스를 보거나 들은 후 요약하고, 그 후에 자신이 시험관이라면 어떤 문제를 물어볼 수 있을지 여러 가지 생각을 많이 해놓는 것이 중요하다.

응시자가 중요한 부분을 놓쳤을 경우 시험관이 다시 되물어 볼 수 있다.

전략

▶ 6하 원칙을 기억하라.

6하 원칙에 바탕을 두고 what, when, where, why, who, how를 답변하면 더 좋은 답변이 될 수 있다. 또한, 숫자에 주의하여 답해야 한다.

▶ 평소에 뉴스를 많이 봐두자.

자신이 익숙한 기사는 내용이 잘 들리지 않더라도 자신이 알고 있는 지식과 함께 말할 수 있는 부분이 있으므로 평소에 뉴스나 세계적으로 이슈화되고 있는 기사들을 많이 읽어 두는 것이 좋다.

▶ 기술과 관련된 뉴스를 많이 접하자.

난이도가 높아질수록 기술과 관련된 질문이 많이 나오기 때문에 IT 관련 기사를 읽어두는 것이 중요하다.

▶ 받아쓰기 연습을 많이 하자.

보통 단어의 뜻을 몰라서 요약을 못하는 경우가 많은데, 받아쓰기를 통해 듣기 실력뿐만 아니라 모르는 단어를 최소화시키는 것이 중요하다.

CHAPTER 02 기출문제 및 표현

▪ STEP 01. 기출문제

A potential internet tax in Hungary has been shelved. It was going to be **imposed on** internet traffic. The public and businesses were against it. The government put the plan on hold because of the protests in the capital. It also **took heed of** warnings from the European Union that the tax would be a bad decision. The news was conveyed through the radio. Hungary's leader said, "If the people not only hate something, but also think it doesn't **make sense**, then it should not be done."
This reversal is not yet a victory for the public. The government will convene again next year to brainstorm ideas how to tax the internet. It will have to **be different from** the one which was frozen now. It was a 60-cent tax on every gigabyte of data used. The public was worried this would reduce freedom of expression and hurt online companies. More than 250,000 likes have been **collected for** a Facebook campaign against the tax.

▫ 해석 ▶▶▶

헝가리의 잠정적 인터넷세가 보류되었습니다. 인터넷 트래픽에 세금이 부과될 예정이었습니다. 대중들과 기업들은 반대하고 나섰습니다. 정부는 수도에서의 시위 때문에 이 계획을 보류했습니다. 이는 이 세금을 부과하는 것이 나쁜 결정일 것이라는 유럽 연합의 경고 또한 주의했습니다. 그 뉴스는 라디오로 전해졌습니다. 헝가리 지도자는 "사람들이 뭔가를 싫어하는 것뿐만 아니라 이것이 이해가 되지 않는 일이라고 생각한다면, 이것은 해서는 안 될 일이다."라고 말했습니다.
이 반전은 아직 대중들의 승리는 아닙니다. 정부는 내년에 어떻게 인터넷에 세금을 부과할지 브레인스토밍으로 아이디어를 또다시 모을 것입니다. 이것은 동결되어 있는 지금의 것과는 달라야 할 것입니다. 지금 것은 사용한 데이터의 기가바이트마다 60센트의 세금을 부과하는 것이었습니다. 대중은 이 세금이 온라인 회사들의 자유를 억압하고 피해를 입힐까 걱정했습니다. 250,000개 이상의 '좋아요'가 이 세금을 반대하는 페이스북의 캠페인에 눌러졌습니다.

▫ 중요표현 ▶▶▶

imposed on ~ ~에 부과된
take heed of ~ ~을 주의하다, 조심하다
make sense 이해가 되다
be different from ~ ~와 다르다
collect for ~ ~을 위해 모금하다

🛈 Summary

▬▬ Beginner

A plan to tax the internet has been stopped in Hungary. The public protest made the government put that plan on hold until the next year. The government will discuss other ideas to tax the internet.

☐ 해석 ▶▶▶

헝가리의 인터넷에 세금을 부과하려는 계획이 중지되었습니다. 대중들의 시위로 정부는 내년까지 그 계획을 보류하게 되었습니다. 정부는 인터넷세를 위한 다른 아이디어를 의논할 것입니다.

▬▬ Intermediate

A government plan to tax internet usage has been stopped in Hungary. Public protests have been successful in applying pressure to the government to halt the plan. People were afraid that this tax would limit personal expression and hurt online companies. Unfortunately, it's not a complete victory because the government will reconvene next year to discuss other methods to tax internet usage.

☐ 해석 ▶▶▶

헝가리 정부의 인터넷 사용 세금 부과 계획이 중지되었습니다. 대중들의 시위가 그 계획을 중지하는 압력을 가하는데 성공적으로 작용했습니다. 사람들은 이 세금이 온라인 회사들을 억압하고 피해를 줄까봐 두려워했습니다. 불행히도, 정부는 내년까지 인터넷 사용 세금을 부과할 다른 방법을 의논할 것이기 때문에 완전한 승리는 아닙니다.

☐ 중요 표현 ▶▶▶

plan to ~ ~할 계획이다

Follow-up Question [01~03]

01 What is the internet infrastructure like in Korea?

한국의 인터넷 시스템은 어떠한가?

▬▬ Beginner

Korea is one of the most connected countries in the world. Everyone can access the internet using high-speed cable connections. Almost every house in Korea has internet access. And with the popularity of smartphones, anyone can access the internet through their phones as well.

□ 해석 ▶▶▶

한국은 세계에서 가장 인터넷 연결이 잘 되어있는 나라 중 하나입니다. 모두들 고속 케이블 연결을 사용해서 인터넷에 접속할 수 있습니다. 한국의 거의 모든 집들은 인터넷 접근성이 있습니다. 그리고 스마트폰의 사용자들은, 모두가 그들의 스마트폰을 통해 인터넷에 접근할 수 있습니다.

▬▬ Intermediate

Korea has one of the most advanced and fastest internet connection speeds in the world. High-speed internet access is so readily available that almost every household in Korea has internet access. Most of this access **comes through** cables, and even optical cables.

□ 해석 ▶▶▶

한국은 세계에서 가장 발전되고 빠른 인터넷 연결 속도 중 하나를 가졌습니다. 고속 인터넷 접근은 한국의 거의 모든 가정주택에 인터넷 접근성이 있을 정도로 손쉽게 가능합니다. 대부분의 접근은 케이블과 심지어는 광학 케이블을 통합니다.

□ 중요 표현 ▶▶▶

come through ~ ~을 통해 들어오다

02 How did Korea manage to obtain such a good internet infrastructure?

한국은 어떻게 좋은 인터넷 시스템을 갖게 되었는가?

▬▬ Beginner

Korean people are not very patient. They also like following new trends, and enjoy being early adopters. Lastly, if one company has a hot new product, then everyone will try to buy that company's product. So unless a company markets the latest and fastest technology, it will lose its customers and lose to its competition. This is why internet access is so good in Korea.

□ 해석 ▶▶▶

한국인들은 참을성이 많지 않습니다. 그들은 새로운 유행을 따라가는 것을 좋아하고, 얼리어덥터가 되는 것을 좋아합니다. 한마디로, 만약 한 회사가 좋은 제품을 가지고 있으면, 다른 모든 사람들은 그 회사의 제품을 삽니다. 따라서 회사가 가장 최신과 가장 빠른 기술을 보유하지 않는 이상 그들은 고객과 경쟁력 둘 다를 잃을 것입니다. 이것이 한국에서 인터넷 접근성이 그렇게 좋은 이유입니다.

Intermediate

One main reason is due to the nature of Koreans. Many Koreans are impatient, and easily follow trends, like early adopters. Also many Koreans will not stay loyal to a brand if a better product is sold elsewhere. So if word of mouth spreads of a hot new product, most Koreans will rush to get a sample of it before stocks are gone, even if they have to wait on long lines. As a result of these tendencies, tech-related companies have to always offer the latest and trendiest technology to remain competitive in the market. This is why the internet infrastructure is so advanced and so readily accessible throughout the country.

□ 해석 ▶▶▶

하나의 주요 원인은 한국인들의 습성 때문입니다. 많은 한국인들이 참을성이 없고, 쉽게 유행을 따라가며 특히 얼리어덥터들의 유행을 따릅니다. 또한 많은 한국인들은 만약 다른 곳에서 더 좋은 제품을 판다면 한 브랜드에 충성을 바치지 않습니다. 따라서 새 제품에 대한 이야기가 입에서 입으로 전해진다면, 많은 한국인들은 아무리 오랫동안 줄 서 기다린다고 해도, 그 제품이 다 팔리기 전에 그 샘플을 얻으려 할 것입니다. 결론적으로, 회사들은 시장에 경쟁력 있게 남아있기 위해서 언제나 최신의, 그리고 유행하는 기술을 내놓아야 합니다.

03 Explain the advantages and disadvantages of the internet.

인터넷의 장점과 단점을 설명하시오.

Beginner

The internet gives us many advantages. We can search a lot of information through the internet. Also, we can do business and shop online. Finally we can talk with people around the world through online messenger or chat programs. However, there are also many disadvantages to the internet. It is easy to get addicted to the internet. Another is that your personal information can be stolen by a hacker. And it is very easy to waste time by being online. Finally, people can think their online life is more important than their real lives.

□ 해석 ▶▶▶

인터넷은 우리에게 많은 장점들을 줍니다. 우리는 인터넷으로 많은 자료를 조사할 수 있습니다. 또한, 우리는 사업과 쇼핑도 온라인으로 할 수 있습니다. 마지막으로 우리는 온라인 메신저 프로그램을 통해서 전세계 사람들과 이야기할 수 있습니다. 하지만, 인터넷의 단점 또한 많습니다. 인터넷에는 중독되기 쉽습니다. 당신의 개인 정보가 해커들에게 도둑맞을 수도 있습니다. 그리고 온라인에 있으면 시간 낭비하기 매우 쉽습니다. 마지막으로, 사람들은 그들의 온라인에서의 삶이 실제 삶보다 더 중요하다고 생각할 수 있습니다.

Intermediate

Like anything else, there are both advantages and disadvantages to the internet. The biggest advantage is that people can be connected to one another regardless of time and distance. This connection also allows for information to be shared and be readily accessible on a global level. Whether for business, school, or leisure, there are many services that make use of the internet, and almost everyone has their own webpage and online presence. However, the risk are the dangers associated with having such uncontrolled access. One of the biggest risks is that personal information can be stolen and your online accounts hacked into. Another disadvantage is that it is very easy to get addicted to an online activity, and thus, lose track of time. So much random and trivial information are usually plastered all over any webpage, and placed strategically, so that users click on those links as well. With unrestricted information and visual overload offered by the internet it's easy comprehend how anyone can get addicted to something online and become oblivious to the outside world.

□ 해석 ▶▶▶

다른 모든 것들처럼, 인터넷에도 장점과 단점이 모두 있습니다. 가장 큰 장점은 사람들이 시간과 거리에 관계없이 서로 연결될 수 있다는 것입니다. 이 연결은 국제적인 수준에서 정보가 공유되고 접근하는 것을 허용합니다. 업무에서나 학교, 또는 여가에서 인터넷을 사용한 많은 서비스들이 있고, 심지어는 그것들의 온라인 버전까지 있습니다. 하지만, 이러한 무조건적인 접근에 관계된 위험이 인터넷의 단점입니다. 가장 큰 단점 중 하나는 개인 정보가 도난당할 수 있다는 것과 당신의 온라인 계좌가 해킹 당할 수 있다는 것입니다. 또 다른 단점은 온라인 활동에 매우 중독되기 쉽고, 같은 맥락으로 시간 가는 줄 모른다는 것입니다. 너무 많은 무작위적이고 흔한 정보들이 웹페이지들이 어디에나 깔려있고, 그것들은 또한 사용자들이 그 링크를 클릭하기 쉬운 곳에 전략적으로 위치해 있습니다. 인터넷의 규제되지 않은 정보와 시각정보의 남용은 사람들이 온라인에 중독되고 외부세계와의 경계를 의식하지 못하는 것을 쉽게 이해할 수 있습니다.

STEP 02. 예상문제

Q1. 방송을 듣고 요약하시오.

Japan's economy is slowing down. Experts predict this will affect the global economy. Japan's economy experienced a decreased growth for two consecutives quarters, which signifies a recession. Statistics predicted the economy would grow by 2.1% in the last quarter, but instead, GDP dropped by 1.6%. Experts think that an increase in sales tax is to blame. Japanese buyers are just not spending as much on purchases anymore.

World leaders are worried that Japan's recession could hurt the global economy. British leader David Cameron mentioned there could be a second worldwide economic disaster. He mentions how he saw "red flags" because of global "instability and uncertainty". In addition, he mentioned "The Euro zone is wobbling on the edge of a potential third recession." He added that new markets were slowing down and this was reducing the chances for growth.

▫ 해석 ▶▶▶

일본 경제는 둔화되고 있습니다. 전문가들은 이것이 국제 경제에 영향을 미칠 것이라고 예측합니다. 일본의 경제는 연이은 분기에 성장률 감소를 겪고 있는데, 이것은 불경기를 의미합니다. 통계학자들은 지난 분기에 경기가 2.1%까지 성장할 것이라 예측했지만, GDP는 1.6%까지 떨어졌습니다. 전문가들은 판매세의 증가가 그 원인이라고 생각합니다. 일본인 소비자들은 더 이상 구매에 많은 돈을 쓰지 않습니다. 세계 지도자들은 일본의 불경기가 국제 경기를 어렵게 할 것을 걱정합니다. 영국 지도자 David Cameron은 두 번째 전세계 경제 재앙이 있을 수도 있다고 언급했습니다. 국제적 "불안정성 및 불확실성" 때문에 일어나는 "위험 신호들"을 그는 어떻게 보았는지 언급합니다. 또한 그는 "유로존은 잠재적 세 번째 불황의 가장자리에서 흔들리고 있다"고 했습니다. 그는 새로운 시장들이 둔화하고 있고 그것이 성장 가능성을 감소시켰다고 덧붙였습니다.

Summary

Beginner

Japan is showing signs of recession. GDP fell by 1.6% since the last quarter. Experts are afraid this will affect global economy. They also guess that the cause for this is the increase in sales tax. David Cameron stated that the Euro zone was already in the danger of recession.

□ 해석 ▶▶▶

일본이 불황의 조짐을 보이고 있습니다. 지난 분기 이래 GDP는 1.6%까지 떨어졌습니다. 전문가들은 이것이 국제 경기에도 영향을 미칠까 두려워합니다. 그들은 이것의 원인으로 판매세의 증가를 추측합니다. David Cameron은 유로존은 이미 불경기의 위험에 거의 들어가 있다고 말했습니다.

Intermediate

Japan is experiencing a recession. GDP has dropped by 1.6% since the last quarter. Experts believe that this is due to an increase in sales tax. They are also afraid that it will have a negative impact on other world markets and trigger another global economic crisis. The Euro zone is already about to collapse into a third recession.

□ 해석 ▶▶▶

일본은 불황을 겪고 있습니다. 지난 분기 이래 GDP는 1.6%까지 떨어졌습니다. 전문가들은 이것이 판매세의 증가 때문이라고 믿습니다. 그들은 이것이 다른 세계 시장들에게 부정적인 영향을 미치고 또 한 번의 국제 경제적 위기를 유발할까 두려워합니다. 유로존은 이미 세 번째 불황으로 붕괴되기 바로 직전입니다.

□ 중요 표현 ▶▶▶

be about to ~   막 ~하려고 한다
collapse into ~   ~로 무너지다, 붕괴되다

Follow-up Question [01~02]

01 Has Korea experienced a similar situation?

한국도 이와 비슷한 경험을 한 적이 있는가?

Beginner

Yes. Korea experienced economic depression in 1997. It was called the "IMF" because the IMF helped Korea during this difficult time. And this recession was triggered by the recession in Thailand.

□ 해석 ▶▶▶

네. 한국도 1997년에 경기 침체를 겪었습니다. 이것은 "IMF"라고 부르는데, 이 시기에 IMF가 한국을 도왔기 때문입니다. 그리고 이 불황은 태국의 불황이 원인이 되었습니다.

□ 중요 표현 ▶▶▶

be triggeredd by ~ ~에 기인하다

Intermediate

Korea experienced a similar economic recession in 1997. That period of economic depression was called the "IMF". Similarly to the text, this recession was a consequence of the Asian Financial Crisis of 1997, which originated in Thailand.

□ 해석 ▶▶▶

한국도 1997년에 비슷한 경기 불황을 경험했습니다. 이 경기 침체 기간을 "IMF"라고 부릅니다. 본문과 비슷한 이 불황은 태국에서 비롯된 1997년 아시아 금융 공황의 결과입니다.

□ 중요 표현 ▶▶▶

originated in ~ ~에서 비롯하다

02 What kind of things can arise in the case of economic depression?

경제가 불황일 때 일어날 수 있는 일들을 설명하시오.

Beginner

Many negative things can happen during an economic depression. Many people will be fired because there will be less jobs available. The price of things will go down because nobody has money to buy anything. Lower prices and less spending means companies are not earning enough profit to survive. And it will be almost impossible to borrow money from the banks.

☐ 해석 ▶▶▶

경제가 불황일 때는 많은 부정적인 일들이 일어날 수 있습니다. 일자리가 줄어들면서 많은 사람들이 해고될 것입니다. 아무도 물건을 살 돈이 없기 때문에 물가는 내려갈 것입니다. 낮은 가격과 적은 소비는 회사들이 살아남기에 충분한 이익을 벌 수 없다는 것을 의미합니다. 또한, 은행에서 돈을 대출하는 것이 거의 불가능할 것입니다.

☐ 중요 표현 ▶▶▶

go down 넘어지다, 침몰하다

Intermediate

There are many negative consequences to an economic depression. There will be an increase in unemployment as many companies will reduce their workforce due to lack of funds, or even declare bankruptcy. Deflation will occur because consumers will be very **averse to** making new purchases. Finally, it will be very difficult to **obtain** loans **from** banks during this period.

☐ 해석 ▶▶▶

경제 불황으로 많은 부정적인 결과가 있습니다. 많은 회사들이 자금 부족이나 심지어는 파산으로 일자리를 줄이면서 실업자들이 증가할 것입니다. 소비자들이 새 물건을 사는 것을 매우 회피할 것이기 때문에 디플레이션이 발생할 것입니다. 결과적으로, 이 기간 동안은 은행으로부터 대출을 받는 것이 매우 어려울 것입니다.

☐ 중요 표현 ▶▶▶

averse to ~ ~을 싫어하여
obtain A from B B로부터 A를 취득하다

Q2. 방송을 듣고 요약하시오.

Lagos in Nigeria had a car "Horn-Free Day" to make people become aware of noise pollution, particularly to the sounds of honking from impatient motorists. The Lagos governor stated that the noise was a serious danger to people's hearing. So Horn-Free Day is for our won benefit, health and lives. Loud noise pollution is considered a very serious health risk. It increases chances of heart disease and high blood pressure.

The governor wished the city roads would be quieter. He described the difference between Lagos and European roads. The governor had spent 10 days in Europe and didn't hear anyone use their horn. One Lagos blogger mentioned that honking was part of the culture. It was something people from all walks of life could participate in. The blogger mentioned that people honked not only when there was danger, but also to greet friends, celebrate weddings, and other happy events.

해석 ▶▶▶

나이지리아에 있는 라고스에는 사람들에게 특히 참을성 없는 운전자들의 경적소리에 의한 소음 공해를 알리기 위해 "경적 없는 날"이 있었습니다. 라고스 주지사는 그 소음이 사람들의 청력을 위험에 빠뜨릴 정도로 심각하다고 말했습니다. 따라서 경적 없는 날은 그들의 이익과 건강과 삶을 위한 것이었습니다. 소음 공해는 매우 심각한 건강 위험으로 간주되었습니다. 이는 심장 질환 확률과 고혈압을 증가시킵니다. 주지사는 도시 차도가 조용해지길 원했습니다. 그는 라고스와 유럽 도로 사이의 차이점을 설명했습니다. 주지사는 유럽에서 10일을 보냈고 누구도 경적을 사용하는 것을 듣지 못했습니다. 한 라고스 블로거는 경적을 울리는 것이 문화의 한 부분이라고 말했습니다. 이것은 각계각층의 사람들이 참여하는 것이었습니다. 그 블로거는 사람들이 경적을 울리는 것은 위험할 때뿐만 아니라, 친구들에게 인사를 할 때, 결혼을 축하할 때, 그리고 다른 행복한 사건들이 있을 때도 경적을 울린다고 말했습니다.

🛈 Summary

Beginner

Lagos had a "Horn-Free Day" to make people be aware of noise pollution. The noise from too much honking was dangerous to their hearing and health. However, one blogger mentioned that in Lagos people honk not only for danger, but also for special happy and events.

□ 해석 ▶▶▶

Lagos에는 사람들에게 소음 공해를 일깨워 주기 위한 "경적 없는 날"이 있었습니다. 너무 심한 경적 소리는 사람들의 청력과 건강을 해칠 정도로 위험했습니다. 하지만, 한 블로거는 Lagos 사람들은 위험한 경우뿐만 아니라 특별히 행복한 사건들을 위한 경우에도 경적을 울린다고 말했습니다.

Intermediate

The governor of Lagos had declared a "Horn-Free Day" to raise awareness of the dangers of noise pollution, and in particular, the noise produced by the honking of car horns. The noise levels were so high that it was becoming a danger to their hearing, and their health as it could lead to heart disease and high blood pressure. On the other hand, one blogger contested the idea by stating that motorists in Lagos don't only honk to warn of danger, but also to celebrate important and happy events.

□ 해석 ▶▶▶

Lagos 주지사는 특히 차의 경적소리가 만드는 소음 공해의 위험성을 일깨우기 위해 "경적 없는 날"을 선언했습니다. 그 소음 수준은 심장 질환과 고혈압을 유발할 수 있어 그들의 청력과 건강을 위험하게 할 만큼 높았습니다. 반면에, 한 블로거는 Lagos의 운전자들은 위험을 경고하기 위해서뿐만 아니라 중요하고 행복한 이벤트들을 축하하기 위해서도 경적을 울린다는 생각을 말했습니다.

Follow-up Question [01~02]

01 Describe the transportation infrastructure in Korea.

한국의 교통 시스템에 대해 설명하시오.

▰ Beginner

Korean transportation infrastructure is very similar to western infrastructure. Korea has highways and express ways just like they have in America or Europe. Their labeling system also follows western examples. Every major city in Korea has also a very good public transportation system of buses, taxis, subways, and trains. There are also several airport spread throughout the country.

□ 해석 ▶▶▶

한국의 교통 시스템은 서양 시스템과 매우 비슷하다. 한국에도 미국이나 유럽에 있는 것과 같이 공공도로와 고속도로가 있습니다. 그들의 표시 시스템 또한 서양의 예를 따릅니다. 한국의 모든 주요 도시에는 버스와 택시, 지하철, 기차의 매우 좋은 대중교통 시스템이 있습니다. 또한 전국에 걸쳐서 몇 개의 공항이 분포되어 있습니다.

▰ Intermediate

The transportation infrastructure and system in Korea closely mimics those found in other developed countries. A nationwide network of highways and expressways cover the country and are **labeled with** a similar naming system. Public transportation is particularly well **set up** with buses, subways, and trains available within each major city. Several airports can also be found nearby major metropolitan areas, and are spread throughout the country to cover greater distances. So even if you do not own your own car, plenty of alternatives are available.

□ 해석 ▶▶▶

한국의 교통 인프라와 시스템은 다른 선진국들에게서 찾을 수 있는 것과 가깝게 모방되었습니다. 전국을 아우르는 공공도로 및 고속도로의 전국적인 네트워크와 그들은 비슷한 이름 시스템으로 표시되었습니다. 대중교통은 특히나 버스, 지하철, 기차들이 각 주요 도시에 특히나 잘 설치되어 있습니다. 몇 개의 공항들도 더 넓은 거리를 아우르기 위해 전국에 걸쳐서 지어졌습니다. 따라서 당신이 차를 갖고 있지 않더라도 대체할 수 있는 수단은 충분합니다.

□ 중요 표현 ▶▶▶

labeled with ~을 붙이다
set up ~ ~을 설치하다, 마련하다

02 Does Korea also have a "Car-free Day" or a "Horn-free Day"?

한국은 Car Free Day 또는 Horn Free Day와 같은 날이 있는가? 있다면 설명하시오.

Beginner

Korea does not have a Car-Free Day, nor a "Horn-Free Day". However in certain areas like near hospitals, you aren't allowed to use your horn. Similarly, in some busy shopping areas and parks, you have to park your car outside that area and then walk in. Seoul also offered a sticker, showing which days you would not take your car to work, you could get discounts on various items.

□ 해석 ▶▶▶

한국은 Car-Free Day나 경적 없는 날은 없습니다. 병원 근처 같은 정해진 장소에서는 경적을 울릴 수 없습니다. 유사하게 바쁜 쇼핑 지역이나 주차장 같은 장소에서는 바깥에 주차하고 걸어서 이동해야 합니다. 서울시는 당신이 회사에 갈 때 집에 차를 두고 가면 여러 물건을 할인을 해주는 스티커도 있습니다.

Intermediate

Korea does not have a "Car-Free Day", nor does it have a "Horn-Free Day". However some areas have cordoned off entry to personal cars, and other areas have prohibited the use of car horns. Busy shopping districts, cultural areas, and certain parks have closed off vehicular access to the public. Cars have to be parked at the outskirts, and then you walk the rest of the way. There are also several government incentives available to encourage commuters to leave their cars at home. As for horns, they are banned near medical facilities. Also during certain events, people try not using their horns, like during college entrance examination days.

□ 해석 ▶▶▶

한국에는 Car-Free Day나 경적 없는 날은 없습니다. 하지만 어떤 구역에서는 차의 출입이 제한되거나 차의 경적사용을 금지합니다. 바쁜 쇼핑 구역, 문화적인 장소, 정해진 공원은 대중의 차량 접근을 차단합니다. 차는 변두리에 주차해야 하고, 남은 길은 걸어와야 합니다. 차를 집에 두고 오도록 통근자들을 격려하기 위한 몇 개의 정부 장려책도 있습니다. 경적에 관해서는, 의료 시설 주위에서는 경적을 울리는 것이 금지되어 있습니다. 또한 수능과 같이 정해진 행사 동안에는 사람들은 경적을 울리지 않도록 노력해야 합니다.

Q3. 방송을 듣고 요약하시오.

Nepson is now selling printers with enough ink for two years. The new Tank printers can print 6,500 colored pages, or 4,000 pages in grayscale. A family on average will print about 200 pages every month. With the new printers, they can just refill the ink cartridge instead of replacing them. This translates to 65% savings on printing costs.

Profits for printer companies have been decreasing. People print less and just share more on social media. Also, people are dissatisfied with printer companies. This is because of their business model of planned obsolescence. Companies put the least amount of ink into the cartridges so the consumer has to buy more cartridges. Some cartridges have been designed to stop printing after a certain number of pages, even though they are still half full of ink. One newspaper mentioned that printer ink costs more than $4,700 per liter.

□ 해석 ▶▶▶

Nepson이 지금 20년간 써도 충분한 잉크가 있는 프린터를 판매하고 있습니다. 새로운 Tank 프린터는 6,500장의 컬러 인쇄, 또는 4,000장의 흑백 인쇄가 가능합니다. 매달 한 가정 평균 약 200장의 인쇄를 합니다. 이 새 프린터로 그들은 잉크 카트리지를 교체하는 대신 단지 리필해주기만 하면 됩니다. 이것은 인쇄 비용을 65% 절감해줍니다.

프린터 회사들의 수익은 감소되어 왔습니다. 사람들은 인쇄는 적게 하고 소셜미디어에 공유를 더 많이 합니다. 또한, 사람들은 프린터 회사들에 불만스러워 합니다. 왜냐하면 그들의 계획적으로 노후되는 모델 때문입니다. 회사들은 소비자가 더 많은 카트리지를 구매하도록 하기 위해 카트리지에 더 적은 양의 잉크를 넣습니다. 일부 카트리지는 심지어 아직 반이나 차 있는데 정해진 양의 페이지 이후로는 인쇄가 멈추게 고안된 것도 있습니다. 한 신문은 그 프린터 잉크의 가격이 1리터당 4,700달러가 넘는다고 말했습니다.

❗ Summary

▬▬ Beginner

Nepson has launched a new printer with enough ink for two years. The is because people **were fed up with** the printer's ink cartridge problems, along with the cost of replacing them, and were less interested in printing when they could just share through social media.

☐ 해석 ▶▶▶

Nepson이 2년간 사용하기 충분한 잉크가 있는 새 프린터를 출시했습니다. 왜냐하면 사람들이 프린터 잉크 카트리지 문제에 진저리가 나고 소셜미디어를 통해 공유하는 것에 비해 인쇄하는 것에 대한 흥미가 줄었기 때문입니다.

☐ 중요 표현 ▶▶▶

be fed up with ~ ~에 진저리가 나다

▬▬ Intermediate

Nepson has just launched the new Tank printers with ink cartridges that will last about two years. This is a **response to** an increase of consumers opting not to buy printers because of the high cost of regularly replacing ink cartridges. Another factor was that people just share to their social networks instead of printing the same items.

☐ 해석 ▶▶▶

Nepson이 약 2년간 지속 가능한 잉크 카트리지를 가진 프린터 Tank를 새롭게 출시했습니다. 이것은 소비자들이 주기적으로 잉크 카트리지를 교체해야 하는 비용 때문입니다. 또 다른 이유는 프린트를 하지 않는 대신 소셜 네트워크에 단지 업로드만 하면 되기 때문에 프린터를 사지 않기로 결정하는 소비자가 늘어나는 것에 대한 대응입니다.

☐ 중요 표현 ▶▶▶

response to ~ ~에 대한 답장

Follow-up Question [01~02]

01 Describe a similar product.

이와 비슷한 제품을 말 해 보세요.

▬ Beginner

Light bulbs are one example of a similar product. Before they were all filament, but it used too much electricity, and would die after several months. But then came fluorescent tubes, and now we have LED light bulbs which are brighter, use less electricity, and last longer.

□ 해석 ▶▶▶

백열 전구가 비슷한 제품의 한 예 입니다. 그들이 모두 필라멘트로 되기 전에는 이것은 너무 많은 전력를 사용하고 몇 달 뒤면 꺼졌습니다. 하지만 그 후 형광막으로 바뀐 지금은 LED 백열 전구는 더 밝아지고 더 적은 전력을 사용하며, 수명도 길어졌습니다.

▬ Intermediate

Light bulbs are one example of a product where planned obsolescence is no longer a valid business model. The filament light bulbs would use up too much electricity and would burn out easily. With the advances in technology, the industry switched to fluorescent tubes, and is now transitioning to LED light bulbs. These LED bulbs are brighter, use significantly less electricity, and last much longer than the filament light bulbs.

□ 해석 ▶▶▶

더 이상 제품 모델로 나오지 않는 백열 전구가 계획적으로 노후 되는 제품의 예 중 하나 입니다. 필라멘트 백열 전구는 너무 많은 전력을 사용하고 쉽게 소진되어 버립니다. 기술의 발전으로, 그 산업은 형광막으로 바뀌었고, 지금은 LED 백열 전구로 되었습니다. LED 전구들은 더 밝고 확연히 적은 전력을 사용하며 필라멘트 백열 전구보다 훨씬 오래 지속 됩니다.

02 What are the advantages and disadvantages of a 3D printer?

3D 프린터기의 장점과 단점을 설명하시오.

▬ Beginner

The advantage of a 3D printer is that you can print very difficult shapes easily as one piece. Before you had to make the shape in parts, and then combine them later to complete it. But with 3D printers, you can print the whole shape as one single piece. The disadvantages of 3D printers are that it's still quite slow and very expensive to print. Also, most 3D printers can only print small shapes.

□ 해석 ▶▶▶

3D 프린터의 장점은 굉장히 어려운 도형을 쉽게 한 조각으로 프린트할 수 있다는 것입니다. 그 전에는 부분별로 모형을 만들고 그 후에 결합을 시켜 완성해야 했습니다. 하지만 3D 프린터로는 하나의 조각으로 전체 모형을 프린트할 수 있습니다. 3D 프린터의 단점은 아직 인쇄하기 상당히 느리고 매우 비싸다는 것입니다. 또한, 대부분의 3D 프린터들은 작은 모형들만 인쇄할 수 있습니다.

▬ Intermediate

The biggest advantage of a 3D printer is that you can print complex shapes as a single solid piece. Before with the existing technology, you had to machine different sections of the whole and then assemble them together. However with 3D printers, this whole process can be achieved in one run. The disadvantages associated with 3D printers are related to the limits of a new technology. It's still very slow, and very expensive to print something in 3D, not to mention you are limited in your choices such as size and material. Current 3D printers can only handle small shapes and volumes, and although a few different colors are available, most use a form of plastic as printing material.

□ 해석 ▶▶▶

3D 프린터의 가장 큰 장점은 복잡한 고체 모형을 한 개의 조각으로 인쇄할 수 있다는 것입니다. 이 현재의 기술 전에는 전체에서 다른 부분들을 설계한 후에 그들을 하나로 합쳐야 했습니다. 하지만 3D 프린터로는, 이 모든 과정들이 한 번의 과정으로 이루어질 수 있습니다. 3D 프린터와 관련된 단점은 신기술의 한계와 연관되어 있습니다. 이것은 어떤 것을 3D로 인쇄하기에는 아직 매우 느리고 매우 비싸며, 크기나 재료와 같은 면에서 당신의 선택 사항을 제한합니다. 현재 3D 프린터는 작은 모양과 부피만을 감당할 수 있고 약간의 다른 색상이 가능하긴 하지만 대부분 재료로 플라스틱 형태를 사용합니다.

ACTUAL TEST 01(난이도 하)

ACTUAL TEST 02(난이도 중)

ACTUAL TEST 03(난이도 상)

Part 10

기출문제
(Actual Test)

ACTUAL TEST 01

Q1. _____

Q2. _____

Q3. _____

Q4. _____

Q5. _____

Q6. _____

Q7. Please describe this picture.

Q8. _____

ACTUAL TEST 02

Q1. _____

Q2. _____

Q3. _____

Q4. _____

Q5. _____

Q6. _____

Q7. Please compare and contrast these pictures.

Q8. _____

ACTUAL TEST 03

Q1. _____

Q2. _____

Q3. _____

Q4. _____

Q5. _____

Q6. _____

Q7. Please sell this car.

Q8. _____

정답 및 해설

ACTUAL TEST 01

Q1. Please summarize this passage. You can listen to this twice.

A price comparison website for services related to travel (flights, hotels, car rentals) has predicted what travel will be like in 10 years. The most exciting travel destination will be the Moon. The website wrote a report called 'The Future of Travel 2024'. It included vacation choices for people seeking excitement that were unheard of before, and modes of transport which were very fast. This report was written by travel and technology experts.

Space vacations were the most sought-after tickets. The report stated that commercial companies were jumping in to make space travel more affordable. Virgin Galactic was already accepting reservations for seating for its space flights for $250,000. Underwater hotel reservations would also become very commonplace. Other predictions include supersonic air travel and "danger-zone" tourism. Shopping and dining would also be very high-tech.

□ 해석 ▶▶▶

이 문단을 요약하세요. 당신은 두 번 들을 수 있습니다.
관광과 관련된 서비스들(비행, 호텔, 자동차 렌트)의 가격을 비교하는 웹사이트가 10년 후에 관광이 어떻게 바뀔 것인지 예측했습니다. 가장 신나는 관광지는 달이 될 것입니다. 그 웹사이트는 '2024년 여행의 미래'라는 보고서를 썼습니다. 이것은 전에 들어보지 못한 흥미로운 장소들을 찾는 사람들을 위한 관광지와 굉장히 빠른 이동 수단을 포함하고 있습니다. 이 보고서는 여행 및 과학기술 전문가에 의해 쓰여졌습니다.
우주 휴양은 가장 사람들이 많이 찾는 것입니다. 그 보고서는 우주여행을 좀 더 실현가능하게 하기 위해 광고 회사들이 뛰어들고 있다고 말합니다. Virgin Galactic은 이미 우주로 가는 비행 표를 250,000달러에 예약 받고 있습니다. 수중 호텔 예약도 흔히 일어날 것입니다. 다른 예측은 초음속 관광과 "위험 구역" 관광을 포함하고 있습니다. 쇼핑과 식사도 역시 매우 첨단 기술로 이루어질 것입니다.

Answer A travel website has predicted future trends in travel for the next decade in a report. The report states that people will be able to travel to unheard of destinations, such as into space or under the sea.

□ 해석 ▶▶▶

관광 웹사이트가 앞으로 10년 후의 관광 트렌드를 예측하여 보고서로 썼습니다. 그 보고서는 사람들이 우주나 해저와 같은 들어보지 못한 목적지를 여행하는 것이 가능해질 것이라고 말합니다.

Q2. Would you live on another planet like the moon or Mars? Why?

Yes, I would love to live on another planet. I think it would be very exciting because everything would be new and so different from Earth.

□ 해석 ▶▶▶

당신은 달이나 화성과 같은 다른 행성에서 살겠습니까? 그 이유는 무엇입니까?
네, 저는 다른 행성에서 살고 싶습니다. 왜냐하면 모든 것이 지구와 다르고 새로워서 매우 흥미로울 것 같기 때문입니다.

Q3. Earth is becoming more and more polluted. What is causing this environmental pollution and describe a possible solution.

Factories and people are polluting the environment. Factories produce smokes which pollutes the air, and chemicals that pollute the streams and oceans. People pollute the environment by producing garbage which they throw away into nature, and not into garbage cans. The only solution is to force factories to be cleaner, and to force people to make less garbage.

□ 해석 ▶▶▶

지구는 점점 오염되어가고 있습니다. 무엇이 이러한 환경오염을 유발하고 가능한 해결책을 설명하세요.
공장과 사람들이 환경을 오염시키고 있습니다. 공장은 공기를 오염시키는 연기를 배출하고 개천과 바다를 오염시키는 화학물질을 내보냅니다. 사람들은 휴지통에 쓰레기를 버리지 않고 자연에 쓰레기를 던져 버림으로써 환경을 오염시킵니다. 유일한 해결책은 공장들이 좀 더 깨끗하게 가동될 수 있도록 하고 사람들에게 쓰레기를 줄이도록 하는 것입니다.

Q4. Do you enjoy watching sports?

Yes I do. I enjoy watching sports in my free time.

□ 해석 ▶▶▶

당신은 스포츠 경기 보는 것을 좋아합니까?
네. 저는 여가시간에 스포츠 경기 보는 것을 좋아합니다.

Q5. Which sports are most popular in your country?

The popular sports in my country are basketball, baseball and soccer. Among them, soccer is the most popular sport in Korea because we went to the World Cup semi-finals in 2002.

□ 해석 ▶▶▶

당신 나라에서는 어떤 스포츠가 가장 인기 있습니까?
우리나라에서 가장 인기 있는 스포츠는 농구, 야구, 축구입니다. 그 중에서도 한국에서는 축구가 가장 인기 있는데, 2002년 우리나라가 월드컵에서 준결승까지 진출했기 때문입니다.

Q6. When did you first become interested in sports?

When I was an elementary school student, I usually played soccer with my friends after school. One day, my team won the soccer game because of a goal I scored. That is the first time that I became genuinely interested in sports.

□ 해석 ▶▶▶

당신은 언제 처음으로 스포츠에 흥미가 생겼습니까?
제가 초등학생일 때, 저는 보통 방과 후에 친구들과 축구를 했습니다. 하루는 제가 득점한 골 덕분에 우리 팀이 축구 경기에서 이겼습니다. 그 때 제가 처음으로 스포츠에 흥미를 갖게 되었습니다.

Q7. Please describe this picture.

An old woman is walking three dogs in the park. She is wearing a purple sweatshirt and pants. Two of the dogs are brown, and one dog is light brown.

□ 해석 ▶▶▶

한 나이든 여자가 세 마리의 개들과 공원에서 산책하고 있습니다. 그 여자는 보라색 운동복과 바지를 입고 있습니다. 두 마리의 강아지는 갈색이고 한 마리는 밝은 갈색입니다.

Q8. Have you ever had a pet?

I have had pets since I was a child. Most of our pets were dogs, and only once did we raise a pet cat. Right now we have a Siberian Husky at home.

□ 해석 ▶▶▶

당신은 애완동물을 키워본 적 있나요?
네, 저는 어렸을 때부터 있습니다. 대부분은 강아지였고 오직 한 마리만 고양이었습니다. 지금은 시베리안 허스키를 집에서 키우고 있습니다.

ACTUAL TEST 02

Q1. Please summarize this passage. You can listen to this twice.

Scientists think that turmeric can help heal our brains. This is wonderful news for people with brain diseases. Neuroscientists in Germany have researched the effect of turmeric on rats. Injecting certain chemicals from the spice has resulted in some nerve cell growth. This could help develop medicine for strokes and brain diseases. One researcher stated that turmeric could increase the effectiveness of our brain cells, and even help repair it. More research and experimentation are needed. An Alzheimer's specialist told the BBC that it was still too early to decide if this research is actually helpful. One opinion is that it is not clear if the results of this research could be applied to people. The specialist also stated that doctors needed to study more on how turmeric helps the brain. So, it is still too early for people to go out and buy lots of turmeric from the store.

□ 해석 ▶▶▶

과학자들은 강황이 우리의 뇌를 치료하는데 도움이 될 것이라 생각합니다. 뇌 질환이 있는 사람들에게는 매우 놀라운 소식입니다. 독일 신경과학자들은 강황이 미치는 영향을 쥐에다가 실험했습니다. 그 향신료의 특정 화학물질을 주사하면 뇌세포가 성장하는 결과를 보였습니다. 이것은 뇌졸중과 뇌 질환을 위한 약 개발에 도움이 될 것입니다. 한 연구원은 강황이 우리 뇌세포의 효율성을 증가시키고 심지어는 뇌세포를 회복시킬 수도 있다고 말했습니다. 더 많은 연구와 실험이 필요합니다. 한 알츠하이머 전문가는 BBC에 이 연구가 실제로 유용할 것인지는 아직 결정하기 이르다고 말했습니다. 사람에게 적용했을 때 연구 결과가 확실하지 않다는 의견입니다. 그 전문가는 의사들이 강황이 어떻게 뇌를 돕는지 더 많은 연구를 해야 한다고도 말했습니다. 따라서 사람들이 나가서 강황을 많이 사는 것은 아직 너무 이릅니다.

Answer Some German scientists have found that turmeric helped nerve cell growth on rats injected with chemicals from the spice. If so, this discovery has the potential for developing medicine that could help patients with brain diseases. However, one Alzheimer's specialist stated that it was still too early in the research to make that claim. She contested that more studying and research was needed to actually confirm it had an effect on humans.

□ 해석 ▶▶▶

독일의 과학자들이 쥐에게 강황의 화학물질을 주사했을 때 뇌세포의 성장을 돕는다는 것을 밝혀냈습니다. 이 발견은 뇌 질환을 앓고 있는 환자들의 약을 개발할 잠재력이 있습니다. 하지만, 한 알츠하이머 전문가는 이러한 결정을 내리기에는 아직 너무 이르다고 말했습니다. 그녀는 강황이 사람에게 미치는 영향을 확신하기 위해서는 더 많은 연구와 조사가 필요하다고 주장했습니다.

Q2. Describe a method to reduce mental illness.

One way to combat mental illness is to do activities that exercise your mental and logical capabilities. Solving puzzles helps exercise your logical skills, as well as reading books. Both activities make you work your mental processes. So doing these two activities on a daily basis should help curb mental illness.

□ 해석 ▶▶▶

정신 질환을 줄이는 방법을 설명하세요.
정신 질환을 예방하는 한 가지 방법은 정신과 논리적 사고를 단련하는 활동을 하는 것 입니다. 퍼즐을 맞추는 것은 논리적 사고에 도움을 주고 책을 읽는 것 또한 마찬가지 입니다. 두 활동 모두 당신이 정신적인 처리를 하도록 합니다. 따라서 이러한 두 활동을 주기적으로 하는 것은 정신 질환을 막는데 도움이 됩니다.

Q3. In the text, turmeric was mentioned as being good for our health. Describe another similar kind of food/dish.

According to research, kimchi and soya bean paste have been found to have properties that help reduce the effect of cancer on cells on test subjects. This is why kimchi and soya bean paste have been always present in foods since the Chosun period.

□ 해석 ▶▶▶

연구 결과에 따르면, 김치와 콩으로 만든 장류가 실험체의 암세포를 감소시키는 영향을 미친다고 밝혀졌습니다. 이것이 조선 시대 이래로 김치와 콩으로 만든 장류가 항상 음식에 들어가는 이유입니다.

Q4. How much time do you spend with your family?

During the weekday, I have only a few hours in the evening since I get home late from work. However, I try to spend the whole weekend with the family as much as possible.

□ 해석 ▶▶▶

당신은 가족과 얼마나 많은 시간을 보냅니까?
평일에는 일을 하고 집에 늦게 들어가기 때문에 저녁에 몇 시간 밖에 남지 않습니다. 하지만 저는 가능하면 주말 내내 가족과 함께 보내려고 노력합니다.

Q5. Have you ever thought of adopting?

No, I have never thought about adopting. However if I do, I think that I will need to be financially secure enough before making such a decision.

□ 해석 ▶▶▶

입양에 대해 생각해본 적이 있습니까?
아니오, 저는 입양에 대해 생각해 본 적이 없습니다. 하지만 생각해본다면, 결정을 내리기 전에 충분한 재정적 안정이 필요하다고 생각합니다.

Q6. How do you discipline your child?

My boy often gets in trouble since he turned 13 this year. He studies till late, however, he is not interested in studying. I feel bad, but I know that he needs to study for a better future. It's not that I don't understand the difficulties he is facing. Two days ago, he broke a promise. He didn't come back home until late. He also didn't go to the private institute. After work, we had a long conversation. I persuaded him to go back to the private institute. I often put in effort to encourage him. This is how I discipline my child.

□ 해석 ▶▶▶

당신의 자녀를 어떻게 훈육합니까?
제 아들은 올해 13살이 되면서 자주 문제를 일으킵니다. 그는 늦게까지 공부하지만 공부하는 것에 흥미가 없습니다. 저는 그가 안됐지만, 더 좋은 미래를 위해서는 그가 공부해야 한다는 것을 알고 있습니다. 그가 처한 어려움들을 제가 이해하지 못한다는 것이 아닙니다. 이틀 전, 그는 약속을 어겼습니다. 그는 늦게까지 집에 돌아오지 않았습니다. 그는 학원에도 가지 않았습니다. 일이 끝난 후에, 우리는 긴 대화를 나눴습니다. 저는 그를 학원으로 돌아가라고 설득했습니다. 저는 가끔 열정적으로 그를 격려해줍니다. 이것이 제가 자녀를 훈육하는 방법입니다.

Q7. Please compare and contrast these pictures.

The top picture is of an iPad. This is a tablet computer. It is the smallest and lightest variation of portable computing. Its screen is also a touch screen, so there is no need for an installed keyboard. Using your fingers, you can surf the web, check your email, listen to music, take pictures or videos, and even make phone calls using your iPad. The bottom picture is one of the thinnest and ultra-slim notebooks available. This is the real portable version of a desktop computer. You can perform all the same tasks on a notebook as you would with a desktop computer. Usually people who need desktop-like capabilities prefer a notebook to a tablet, which is more limited in its computing power.

□ 해석 ▶▶▶

위 사진은 태블릿 컴퓨터입니다. 이것은 휴대용 컴퓨터 중 가장 작고 가볍습니다. 화면은 터치스크린으로, 자판을 설치할 필요가 없습니다. 손가락으로 웹 서핑을 할 수 있고, 이메일을 확인하고, 음악을 듣고, 사진과 동영상을 찍고, 심지어는 ipad로 전화통화도 할 수 있습니다. 밑에 있는 사진은 가장 얇은 노트북들 중 하나입니다. 이것은 데스크탑 컴퓨터의 실제 휴대용 버전입니다. 당신은 데스크탑으로 할 수 있는 모든 업무를 노트북으로도 할 수 있습니다. 대개 데스크탑 같은 사양이 필요한 사람들은 연산능력이 좀더 제한된 태블릿 보다는 노트북을 선호합니다.

ACTUAL TEST 03

Q1. Please summarize this passage. You can listen to this twice.

Google hopes to be a rival to Apple and Samsung in the wearable health tech market. Its new Google Fit device will compete with similar items from Apple and Samsung. It is working very hard to keep pace with its competitors. Google will be the first company to provide health data using the Android OS. This is a second revision because the first one didn't provide the right kind of information, and so was unpopular.

Google Fit will measure health data and link it to Google's cloud. The final details are still kept secret. One tech site mentions Google Fit measuring all sorts of health data such as weight, heart rate, and number of steps taken. You can sync your data using your Google IDs.

□ 해석 ▶▶▶

Google은 웨어러블 헬스 기술 시장에서 Apple과 Samsung의 경쟁자가 되기를 희망합니다. 새롭게 나온 Google Fit 장치가 Apple과 Samsung에서 나온 비슷한 제품들과 겨루게 될 것입니다. 이것은 그들의 경쟁자들과 속도를 맞추기 위해 굉장히 열심히 노력하고 있습니다. Google은 Android 운영체제를 사용하면서 건강 데이터를 제공하는 최초의 회사가 될 것입니다. 첫 번째 제품은 적절한 정보를 제공하지 못했던 이유로 인기가 없었기 때문에 이것이 두 번째 수정 제품입니다.

Google Fit은 건강 데이터를 측정하고 이것을 Google 클라우드로 연계합니다. 최종 사항들은 아직 비밀에 부쳐지고 있습니다. 한 기술 사이트는 Google Fit이 체중이나 심박수, 걸음 수와 같은 모든 종류의 건강 데이터를 측정한다고 말합니다. 당신은 Google ID를 이용해서 이 데이터들을 동기화할 수 있습니다.

Answer Google hopes to compete with Apple and Samsung in the wearable health tech industry with its Google Fit device. Besides collecting all sorts of health data, you can keep it synced through the cloud and your Google ID.

□ 해석 ▶▶▶

Google이 Google Fit 장치로 웨어러블 헬스 기술 산업에서 Apple, Samsung과 경쟁하게 될 것을 희망하고 있습니다. 모든 종류의 건강 데이터를 수집하는 것 이외에도 당신의 Google ID와 클라우드를 통해 동기화할 수 있습니다.

Q2. Describe another product similar to Google Fit.

Nike's Fuel Band is a wearable tech device similar to Google Fit in function and purpose. Fuel Band is a wristband that connects to an app on your smart phone, and together you can keep track of your active lifestyle. With it, you can keep track of distances traveled, the amount of calories burned, time spent at a particular activity, and any exercise goals achieved.

▢ 해석 ▶▶▶

Google Fit과 비슷한 제품을 설명하세요.
Nike의 Fuelband가 Google Fit의 기능 및 목적과 비슷한 웨어러블 기술 제품입니다. Fuelband는 당신의 스마트폰에 있는 앱과 연결된 손목 밴드이고, 당신의 역동적인 생활 방식을 계속해서 파악할 수 있습니다. 이것으로, 당신은 움직인 거리와 소모한 칼로리, 특정 활동을 하는데 보낸 시간, 그리고 성취한 운동 목표들을 확인할 수 있습니다.

Q3. Compare the advantages and disadvantages of wearable devices.

There are many advantages to wearable devices. One of the biggest benefits is that you don't need to use your hands to hold or operate it, as it is worn on your body. So that means it frees up your hands. Another advantage of wearable tech is that you are aware of where the device is located, and of its condition. One final advantage is that you don't have to worry anymore of your device falling out of your pockets and breaking, or being crushed inside your bag by accident.

The main disadvantage of wearable tech is that it is more exposed to the elements and to your sweat. Keeping your device in your pocket or in a bag is an added safety shortcut, but wearable means there is nothing between your device and the elements such as water, dirt, and grime. One final subjective disadvantage is that some people see wearable tech as a sign that we have become more and more dependent on our technology.

▢ 해석 ▶▶▶

웨어러블 장치의 장점과 단점을 비교하세요.
웨어러블 장치에는 많은 장점들이 있습니다. 가장 큰 장점 중 하나는 그것이 당신 몸에 입혀져 있기 때문에 당신이 그것을 사용하기 위해 손을 사용할 필요가 없다는 것입니다. 따라서 이것은 당신의 손이 자유롭다는 것을 의미합니다. 웨어러블 기술의 또 다른 장점은 그 장치의 위치와 상태에 대해 알 수 있다는 것입니다. 마지막 장점은 당신의 장치가 주머니에서 떨어지고 파손되거나 우연히 가방에서 부딪히는 것에 대해 걱정하지 않아도 되는 것입니다.
웨어러블 기술의 주요 단점은 외부 요소들과 당신의 땀에 노출되어 있다는 것입니다. 당신의 장치를 주머니나 가방에 넣고 다님으로써 손쉽게 안전장치를 더할 수 있지만, 웨어러블은 당신의 장치와 물, 먼지, 그을림과 같은 요소들 사이에 아무 것도 없다는 것을 의미합니다. 마지막 주관적인 단점은 일부 사람들은 웨어러블 기술을 우리가 과학기술에 점점 더 의존하고 있다는 징후로 본다는 것입니다.

Q4. Do you think computers are bad for health?

Well, I think so. I think spending a long time on the computer is not good for our health. We have to stay stuck in our chairs whenever we use our computers so we don't move and exercise. If we stay seated for a long time, this is not good for our health.

□ 해석 ▶▶▶

당신은 컴퓨터가 건강에 나쁘다고 생각합니까?
글쎄요, 저는 그렇다고 생각합니다. 저는 컴퓨터 앞에서 오랜 시간 보내는 것은 건강에 좋지 않다고 생각합니다. 우리는 컴퓨터를 사용할 때 의자에 붙어있어야 하므로 움직일 수도 없고 운동을 할 수도 없습니다. 우리가 오랜 시간 앉아 있는다면, 그것은 건강에 좋지 않습니다.

Q5. How do you think computers have changed the world?

Computers are, as I have mentioned before, very convenient. Without computers we can't do so many things. Of course computers have also negative side-effects, but we can get so many positive benefits from having a computer rather than not. And for a long time, computers have helped us to develop everything around the world.

□ 해석 ▶▶▶

당신은 컴퓨터들이 세상을 바꾼 것에 대해 어떻게 생각합니까?
이 전에 말했듯이, 컴퓨터들은 매우 편리합니다. 컴퓨터가 없으면 우리는 매우 많은 일을 할 수 없습니다. 물론 컴퓨터는 부정적인 부작용 또한 갖고 있지만, 우리는 컴퓨터가 없는 것보다 있음으로써 훨씬 많은 긍정적인 측면을 얻을 수 있습니다. 그리고 오랜 시간 동안, 컴퓨터는 세계를 아울러 모든 것을 발전하도록 도와주었습니다.

Q6. Do you think writing email has strengthened or weakened people's writing skills?

I think writing emails has weakened people's writing skills because people don't really focus on grammar when writing emails to their friends. They become lazy and ignore paragraph forms, even using emoticons in their sentences. And since so many people write like this, people think that this is the correct way to write. So I think that writing emails has weakened people's writing skills.

□ 해석 ▶▶▶

당신은 이메일을 쓰는 것이 사람들의 작문 실력을 강화한다고 생각합니까, 약화한다고 생각합니까?
저는 사람들이 친구들에게 이메일을 쓸 때 문법에 중점을 두지 않기 때문에 이메일을 쓰는 것은 사람들의 작문 실력을 약화한다고 생각합니다. 그들은 점점 문단 형태를 무시하면서 심지어 문장 안에 이모티콘도 사용합니다. 그리고 너무나도 많은 사람들이 이런 식으로 쓰면서, 사람들은 이것이 쓰기의 올바른 방법이라고 생각합니다. 따라서 저는 이메일을 쓰는 것은 사람들의 작문 실력을 약화한다고 생각합니다.

Q7. Please sell this car.

Hello car enthusiasts and sports car aficionados. Today we have truly a classic gem of motoring history for us to show you. It's the 1948 Shelby Cobra Convertible. Restored to a mint condition and to its former glory. You can examine this car with a microscope and we will guarantee you that you won't find a single blemish on this car. And when you turn on the engine, you'll even forget what you used to do before driving this car. Your day's worries will simply drift themselves away from your body as you step on the accelerator. Call now and we'll even include one year's supply of free oil changes. Thank you for joining us here and call now.

□ 해석 ▶▶▶

자동차 팬들과 스포츠카 마니아 여러분 안녕하세요. 오늘 우리는 자동차 역사에 완전한 고전적 보석을 보여드리겠습니다. 1948년 Shelby Cobra Convertible입니다. 이전의 영광을 가진 완전히 새로운 상태로 복원되었습니다. 현미경으로 이 차를 검사해봐도 장담하는데 티끌 하나도 발견하지 못하실 겁니다. 또, 시동을 걸면 이 차를 운전하기 전에 했던 일에 대해서는 완전히 잊게 되실 겁니다. 당신의 하루 걱정은 엑셀을 밟을 때 모두 날아가 버릴 것입니다. 지금 전화하시면 1년치 무료 기름 교환권도 함께 드립니다. 함께해 주셔서 감사하고 지금 전화하세요.

Lindsay Oh

약력

- 서강대학교 경영학과
- University of Newcastle International management 전공
- E-land 본사 및 SPAO sourcing부에서 trading, sourcing 담당
- Eboyoung Talking Club 강사
- 전) Labs Academy SPA 대표 강사
- 앨리펀쇼 SPA 동영상 대표 강사
- Macquarie English Institute SPA 대표 강사

2주만에 끝내는 SPA 기본서
SPA 첫걸음

초판 발행 | 2014년 12월 17일
3쇄 발행 | 2015년 07월 15일
편 저 자 | Lindsay Oh
발 행 인 | 김용한
등   록 | 제319-2012-22호
발 행 처 | 에듀에프엠
주   소 | 서울 동작구 노량진 1동 217-43(402호)
교재문의 | TEL) 02-6004-5476 / FAX) 02-822-2320
학습문의 | www.edufm.net

I S B N 979-11-85416-28-1 (13740)
정   가 18,000원

저자와의
협의아래
인지생략

본서의 무단 전재·복제 행위는 저작권에 의거, 5년 이하의 징역 또는 5,000만 원 이하의 벌금에 처하거나 이를 병과할 수 있습니다.